Miscellanées du Vin

Publié en Angleterre sous le titre « A Wine Miscellany » par Michael O'Mara Books, 9 Lion Yard, Tremadoc Road, London SW4 7NQ.

ISBN : 2-35288-006-8
Code Hachette : 50 4635 4
Rayon : Vin / Cuisine

Collection dirigée par Christian English & Frédéric Thibaud

Catalogues et manuscrits : www.city-editions.com

Dépôt légal : deuxième semestre 2006
Imprimé en France

Miscellanées du Vin

Graham Harding

Traduit de l'anglais par
Martine Desoille

City Editions

Introduction

N'en déplaise à la Commission européenne, le vin n'est pas qu'« une boisson obtenue par la fermentation de jus de raisin ».

Instrument de séduction, expression de la personnalité, le jus de la treille s'entoure volontiers de rituels et est meilleur pour la santé que n'importe quel autre breuvage si l'on sait le consommer avec modération.

Objet de convoitise et de spéculation, le vin est à lui seul un univers dont le présent ouvrage se propose d'explorer la face cachée.

Tout ce qui est dit ici est exact et avéré, à l'exception, naturellement, des mythes invérifiables et cousus de fil blanc. Quant aux erreurs qui subsisteraient malgré tout le soin apporté à la rédaction de cet ouvrage, je prie le lecteur de bien vouloir m'en excuser.

Dégustez tant que vous voudrez, donc, à condition toutefois de garder à l'esprit que certaines des recettes figurant ici ne sauraient être essayées sans risques à l'intérieur du cercle familial.

Je tiens à remercier tous ceux qui, directement ou non, m'ont inspiré cet opuscule. Et tout d'abord mon père qui, dès les années 1950, et moyennant un budget annuel de 50 livres sterling, commença à se constituer une cave de vins de Bordeaux qui m'a beaucoup profité. Michael Palij, Master of Wine, et Charles Garrett dont les cours d'œnologie furent une révélation. Mes pairs du Cercle des amateurs de vin d'Oxford qui, au fil des ans, sont devenus d'excellents amis et compagnons de dégustation. Et enfin mon épouse, Kay, qui m'a offert mon premier séminaire d'œnologie et subséquemment toléré mes fréquentes échappées vinicoles – et qui prétend avoir découvert les joies de la dégustation par personne interposée.

Graham Harding

Le vin à la source

Les plus anciens breuvages fermentés, dont on a retrouvé la trace, datent de 9000 ans. Des restes de poterie chinoise vieux de 7000 ans attestent l'existence d'une boisson alcoolisée à base de raisin ou d'aubépine. On a également retrouvé des traces de vin dans le complexe néolithique de Hajji Firuz Tepe en Iran.

Il serait vain de chercher l'origine de la vinification. En plein été, du moût de raisin laissé dans une cavité rocheuse, d'une outre ou d'un bol de terre cuite fermentera naturellement pour donner un liquide dont les propriétés surprenantes n'auront pas échappé à nos ancêtres du néolithique.

Une légende persane raconte qu'une jeune femme, répudiée par son roi, avait tenté de s'empoisonner en buvant jusqu'à tomber raide le résidu poisseux de grains de raisin gâtés. À son réveil, elle révéla aux autres son extraordinaire découverte et fut de nouveau admise dans le harem.

Les origines du vin

C'est un vin d'un autre type qui fut exhumé des tombeaux de la dynastie des Han de l'ouest (206 av. J.-C – 25 apr. J.-C) dans la cité de Xi'an en Chine.

Contenu dans des récipients de bronze hermétiquement scellés à la cire laque, il fut décrit par ceux qui l'ont goûté comme un

breuvage au goût léger et faiblement alcoolisé. La couleur verte de sa robe fut imputée à l'oxydation du métal, mais d'éminents spécialistes chinois arguent que certains vins de riz sont naturellement verts.

C'est Patrick McGovern, un archéologue américain, qui a découvert les traces de vin les plus anciennes jamais retrouvées dans des jarres de terre cuite (7000 av. J.-C). C'est également lui qui a entrepris d'analyser le vin contenu depuis 3000 ans dans les récipients de bronze. Lorsqu'il les décacheta, une note fleurie s'en échappa brièvement. Le breuvage avait été aromatisé avec des herbes et des fleurs – et même de l'armoise (une essence d'absinthe).

Un vin à part

Selon la Commission européenne, le vin est « obtenu à partir de la fermentation de jus de raisin ». Une définition qui exclut d'emblée un grand nombre d'autres breuvages, comme le vin de riz mentionné plus haut. Au panthéon des vins du monde, nos amis chinois ont ajouté depuis peu le vin de poisson, dont l'agence de presse Xinhua prétend qu'il est très apprécié en Asie pour ses « qualités nutritives et son faible taux d'alcool ».

En 2001, grâce aux efforts conjugués du Conseil régional et de la Caisse mutuelle des Highlands d'Écosse, l'Orkney Wine Company vit le jour. L'entreprise, qui avait pour vocation de produire du vin à partir de fruits et de légumes, se lança dans la fabrication d'un breuvage à base de whisky et de jus de carotte. Des expériences similaires furent tentées avec du jus de navet, sans parvenir toutefois à susciter l'enthousiasme des consommateurs.

Vin de marijuana

Alléchant (pour certains), mais néanmoins illégal presque partout dans le monde.

La recette du vin d'herbe ou « weedwine » provient d'un site Internet américain : www.totse.com.

Ingrédients

2 gallons d'eau bouillante	3 oranges
4-8 onces de marijuana fraîchement cueillie	3 citrons
5 livres de sucre ou 8 livres de miel	2 cubes de levure de boulanger

Préparation

Plonger la marijuana dans l'eau bouillante, ajouter le sucre, l'orange et le citron découpés en tranches. Oter du feu et laisser macérer pendant plusieurs jours. Après avoir filtré le mélange dans un récipient propre, ajouter la levure. Laisser fermenter pendant quatre semaines avant de mettre en bouteille.

Qu'auraient pensé les anciens d'une telle recette ? L'auraient-ils plébiscitée ou bannie ? Si nous sommes certains qu'ils maîtrisaient les techniques de fermentation du moût et s'adonnaient au commerce du vin depuis la nuit des temps, nous ignorons si leur préférence allait au raisin à cause de son goût ou parce qu'il était, de tous les fruits et légumes, le plus facile à vinifier.

Le vin français à la coca de Pemberton

En 1886, sur un marché alors dominé par le vin d'Angelo Mariani (un élixir à base de vin et d'extrait de coca), le docteur John S. Pemberton eut l'idée de lancer le « vin de coca français » en reprenant la recette de base, enrichie cette fois de noix de cola et de damiana (un aphrodisiaque naturel). Capable de « stimuler les fonctions cérébrales », ce « breuvage de l'intellect » était vendu comme traitement de la dépendance à la morphine. Bien que l'adjonction de coca ait été interdite en 1904, la compagnie Coca-Cola n'en a pas moins continué d'aromatiser ses boissons avec des feuilles de coca « décocaïnisées ». Mais qu'en est-il de nos jours ? On sait qu'en 2002 les autorités boliviennes ont autorisé l'exportation de 159 tonnes de feuilles de coca vers les États-Unis « pour la fabrication de la boisson gazeuse commercialisée sous la marque Coca-Cola ». Interrogée à ce sujet, la célèbre compagnie est restée évasive. « La recette de fabrication du Coca-Cola est un secret que nous n'avons pas l'intention de divulguer. » Le mystère reste entier.

Un juteux négoce

Il y a 5000 ans, les Égyptiens maîtrisaient parfaitement les techniques de la vinification. Le commerce du vin, mis en fûts et acheminé par voie fluviale, était strictement réglementé.

Sous Hammourabi, sixième roi de Babylone, ce juteux négoce semble avoir été dévolu aux femmes. La quatrième dynastie des Kish fut fondée à Sumer aux alentours de 3000 av. J.-C. par une femme qui avait fait le commerce du vin dans sa jeunesse. De tout temps, les débits de boissons furent des lieux propices à la sédition, ainsi que l'atteste le décret royal stipulant que les tenancières de buvettes, où se fomentaient des complots, étaient passibles de la peine de mort.

La conquête du vin

Région	*Date d'apparition*
Chine	7000 av. J.-C.
Mésopotamie	6000 av. J.-C.
Égypte	5000 av. J.-C.
Phénicie	3000 av. J.-C.
Chypre	3000 av. J.-C.
Grèce et Crète	2000 av. J.-C. (pressoir en pierre retrouvé dans une villa minoenne datant de 1600 av. J.-C.)
Europe méridionale et centrale	1000-500 av. J.-C
Europe du Nord (par le biais de l'empire romain)	500 av. J.-C.-300 apr. J.-C.

Les vers de vin d'Omar Khayyam

Il y a 900 ans, le poète persan, Omar Khayyam, faisait l'éloge du vin et de l'ivresse dans *Rubaiyat* : « Un peu de pain, un peu de vin et Toi à mes côtés, jetant Ton chant vers l'immensité. »

Mais de quel vin s'enivrait notre poète ? Probablement d'un vin blanc capiteux élevé dans la région de Chiraz, ville fondée au VIIe siècle qui a donné son nom au fameux cépage Syrah (en Europe) ou Shiraz (en Amérique).

Le champagne Omar

Ce n'est pas un hasard si le nom d'Omar Khayyam fut choisi par le domaine Château Indage, dans la région de Bombay, pour commercialiser le meilleur « champagne » élaboré en Inde – un blanc sec, pétillant à base de chardonnay, moins alcoolisé que sa sœur la Marquise de Pompadour. Quoi que puissent en dire les Champenois, le « champagne » fabriqué en Inde bénéficie du savoir-faire de l'illustre maison Piper-Heidsieck.

L'Inde connaît de nos jours un engouement pour le vin dont la consommation est en augmentation constante. À raison d'une croissance annuelle de 20 %, même si le nombre de consommateurs reste limité, c'est, à terme, un marché potentiel de 200 millions de foyers. L'Inde est le deuxième producteur mondial de raisin de table, après le Chili, et les vins de Sula, dans la région de Maharashtra, à l'ouest de l'Inde, sont d'ores et déjà commercialisés en Italie, en France et aux États-Unis.

Une affaire de famille

Si le commerce du vin se perd dans la nuit des temps, le plus ancien négoce de vins connu – et probablement le plus ancien de France – est celui du Château de Goulaine, propriété de la famille du même nom. On ignore cependant si le vin produit depuis l'an 1000 fut commercialisé dès l'origine ou destiné à la seule consommation des propriétaires du domaine. La maison Château de Goulaine occupe le troisième rang mondial en termes d'ancienneté – les deux premières étant des entreprises japonaises dont l'une est spécialisée dans la construction des temples (depuis l'an 578 de notre ère).

En Italie, c'est la famille Ricasoli qui détient le record de l'ancienneté au quatrième rang mondial. Spécialisée dans la fabrication du vin et de l'huile d'olive, elle fut fondée en 1141, date à laquelle la République de Florence lui fit présent d'un domaine dans la région de Sienne. On attribue à Bettino Ricasoli l'invention du Chianti, obtenu à partir de deux cépages noirs, le Sangiovese et le Canaiolo et de deux blancs, le Malvasia et le Trebbiano.

La famille Antinori et son vignoble florentin apparaissent à la neuvième place. C'est en 1385 que Giovanni di Piero Antinori fut admis au sein de la Guilde des vignerons florentins. L'actuel Piero Antinori et ses trois filles dirigent un véritable empire viticole qui s'étend de l'Italie à l'Amérique en passant par Malte, la Hongrie et le Chili.

Enfin, la famille française Coussergues, producteurs-récoltants depuis 1495, soit seize générations, occupe le onzième rang mondial.

Le domaine Codorniù, en Espagne, et la maison suisse Fonjallaz furent tous deux fondés vers le milieu du XVIe siècle. Le troisième plus ancien récoltant français est la famille Hugel, établie dans la région de Riquewihr depuis 1639.

Les plus anciens négociants en vin

Tous les experts s'accordent pour dire que le plus ancien négociant en vins connu est Berry Bros & Rudd – qui continue d'officier au 3 St James Street à Londres. Fondée par la veuve Bourne en 1698, l'affaire fut rachetée en 1803 par George Berry, fournisseur officiel de la famille royale pendant plus de quarante ans. Note hors sujet : c'est au 3 St James Street que le whisky Cutty Sark (le plus vendu aux États-Unis dans les années 1960-1970) a vu le jour en 1923.

Hedges & Butler, un autre marchand de vin, revendique une ancienneté datant de 1667, mais la maison a cessé entre-temps d'être indépendante pour devenir une sous-marque du consortium Bass.

Ses whiskys réputés sont aujourd'hui la propriété de Ian Macleod & Co, Ltd, une distillerie écossaise indépendante qui

fabrique (ou fabriquait) également le Wincarnis, un tonique à base de vin et de jus de viande, d'où son nom, également connu sous le nom : « Extrait de viande et de vin de Malte Liebig ».

Mais passons…

Le plus ancien négociant américain – devenu le plus important grossiste de la côte Est des États-Unis – est la maison Acker Merall & Condit. Fondée en 1820, elle propose une sélection de vins allant de 4 $ à 19 000 $ la bouteille.

Le vin de Geoffrey Chaucer

Bien que l'affaire de son père – riche importateur de vins – n'ait pas survécu, le poète anglais du XIVe siècle Geoffrey Chaucer a grandi dans un milieu où bouteille et bonne chère étaient à l'honneur.

Né aux alentours de 1340, Chaucer mena en parallèle une carrière d'administrateur à la cour d'Angleterre et de poète. En tant que contrôleur des douanes, administrateur des forêts domaniales et clerc de sa majesté, il percevait chaque année un foudre de vin en complément de ses émoluments. Le peu de place qu'il accorde au manger et au boire dans ses poèmes de cour a fait dire à James Matterer, expert culinaire, que Chaucer n'était pas un épicurien. Mais toujours est-il que le vin et la table figurent en bonne place dans son chef-d'œuvre, les *Contes de Canterbury*. Le poète y décrit avec beaucoup d'esprit les mœurs de la bourgeoisie émergente du XIVe siècle.

Le conte de l'huissier, en particulier, raconte avec force détails comment la boisson et l'ivresse décuplent la brutalité d'un tyran. Faisant fi des conseils d'un courtisan qui déclare que « le vin provoque chez l'homme la perte de l'intellect et l'usage de ses membres », le roi Cambise continue de s'adonner à la boisson, allant même jusqu'à tuer le fils du courtisan d'une flèche pour prouver qu'il a toujours « bon pied, bon œil ».

Dans les autres contes, le vin joue un rôle moins funeste. Les pèlerins de Chaucer évoquent l'ipocras, le vernage et le vin clair. Le vernage était un vin doux d'Italie devenu depuis le Vernaccia. L'ipocras et le vin clair étaient des breuvages aromatiques sucrés et épicés, aux vertus apéritives et digestives.

Le vin au Moyen Âge

L'ipocras ou hypocras – du nom du physicien grec Hippocrate – était élaboré à partir de vin blanc ou rouge, ce dernier étant plus apprécié pour sa robustesse réputée faciliter la digestion. Une recette moderne de l'hypocras consiste à prendre une bouteille de vin ordinaire (de préférence doux) qu'on fera bouillir additionné de 30 cl de miel (ou 300 g de sucre). Ajouter miel ou sucre à volonté. Écumer, laisser refroidir puis ajouter une cuillerée à soupe de chacun des ingrédients suivants : gingembre, cannelle, cardamome, poivre blanc, clous de girofle, noix de muscade et carvi. Laisser reposer 24 heures au frais puis filtrer autant de fois que nécessaire (à travers une étamine épaisse ou, à défaut, d'un filtre à café) pour obtenir un liquide aussi limpide que possible. Laisser vieillir pendant un mois au moins.

Autre breuvage aromatisé, le vin clair était le plus souvent un vin blanc doux additionné de miel et bouilli. La variété d'épices entrant dans sa composition est plus restreinte : une cuillerée à soupe de cannelle, de gingembre et de cardamome et une cuillerée à café de poivre blanc. Il convient là encore de filtrer le mélange et de le laisser vieillir. Il tire son nom du *vinum claratum*, ou vin clarifié, et serait l'ancêtre du vin « clairet ».

Ces deux recettes ont été tirées – et adaptées – de *The Forme of Curye* (circa 1390), l'ouvrage de référence des officiers de bouche du roi Richard III.

Servi frappé, le vin clair était recommandé comme apéritif. L'hypocras était plutôt un digestif qui pouvait, en cas de fringale, accompagner une collation nocturne à base de fruits et de gâteaux.

Sire Jean et ses vins

Sir John Falstaff, le personnage de Shakespeare, est un autre buveur invétéré dont le nom a traversé les siècles.

Le *Sack* était le péché mignon de Sire Jean. Xeres (ou Jerez) était le lieu de production de ce vin qui titrait 16° d'alcool et était, non pas fortifié, mais additionné de sucre à son arrivée à Londres – sans doute dans les caves même de la Boars's Head Tavern d'Eastcheap, le quartier général de Falstaff. À l'occasion, il était adultéré (selon notre chevalier) par adjonction de « sperme de poulet » ou d'œufs battus.

Sack provient de l'espagnol *sacar* qui signifie « emporter » ou « exporter ». Car, en dépit de ses relations difficiles avec les Anglais, l'Espagne exportait les deux tiers de sa production annuelle de Jerez (soit 60 000 barriques) vers l'Angleterre et la Hollande. Il n'est pas impossible que le vin décrit par Shakespeare ait été rapporté en Grande-Bretagne par Sir Francis Drake lors d'une de ses mémorables équipées guerrières. En 1587, Drake brûla et pilla l'Invincible Armada au mouillage dans le port de Cadix. Parmi le butin de guerre se trouvaient quelque 2 900 barriques de Sack qu'il rapporta au pays pour les vendre.

Un siècle et demi plus tard, le Sack dont Sire Jean s'abreuvait jusqu'à plus soif en déclarant qu'il rendait son esprit «inquiet, étourdi, plein de visions fugaces, excitantes et délectables», allait changer de nom pour devenir le célèbre *sherry*.

Les cépages les plus anciens

L'humble pied de vigne résiste mal aux outrages du temps. Ainsi, à la fin du XIXe siècle, la quasi-totalité des vignobles d'Europe fut dévastée par le phylloxéra. Seuls les plants aimant les sols sablonneux, comme le Bollinger Vieilles Vignes du champenois ou ceux du Ramisco cultivés dans les dunes de sable de la région de Lisbonne, ont survécu à la catastrophe. À l'heure actuelle, il n'y a guère que l'Australie qui puisse sérieusement prétendre détenir les plus anciens de pieds de vigne du monde.

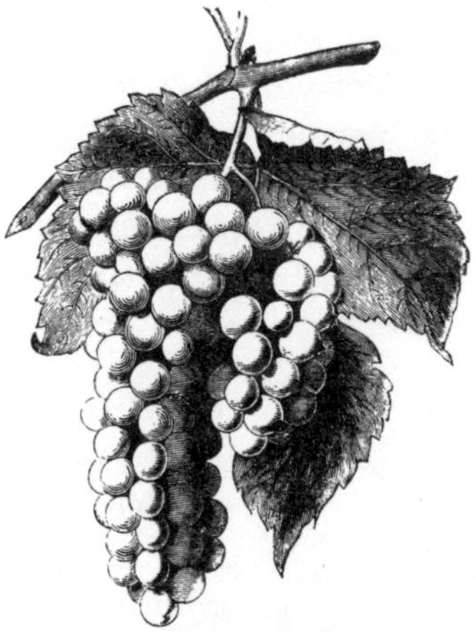

Un survivant slovène

Un seul plant, originaire de la ville de Maribor, en Slovénie, mérite le titre de doyen mondial des pieds de vignes. Vieux de plus de quatre siècles, il donne entre 35 et 55 kilos de raisin par an. Les quelque cent bouteilles de 25 cl produites à partir de ce cépage Ametovka sont une curiosité réservée aux cadeaux officiels. Certaines sont vendues à des collectionneurs. Élaboré à partir d'un raisin de table, c'est un vin doux liquoreux.

Nos ancêtres les Australiens

On raconte que les vignes de Traminer (région de Rhodt, en Allemagne) remonteraient à la moitié du XVIe siècle, mais les experts s'accordent pour dire que les plus anciennes sont celles de Turkey Flat, en Australie. Ces plants de sirah, acclimatés en 1847 par le colon australien Johann Fiedler dans la vallée de Barossa, produisent un vin « aux notes exquises de crème de cassis, liqueur de framboise et réglisse » qui s'est vu attribué une note de 94 sur 100 par le célèbre œnologue américain Robert Parker en 2002.

Le Old Garden, un vin de Mourvèdre, produit par Hewitson, est issu d'une vigne plantée en 1853 dans la vallée de Barossa. Son bouquet puissant, évoquant la cerise et la mûre, offre une acidité bien équilibrée et une note tannique poivrée très prisée des connaisseurs. Le Château Tahbilk's Old Vine Shiraz est produit à partir de pieds francs plantés en 1869 et ayant échappé aux ravages du phylloxéra. Il est réputé pour sa note de baies cuites, sa longueur en bouche et son nez de terre et de cuir.

Le champagne Vieilles Vignes de France

Le champagne Vieilles Vignes de Bollinger est issu d'un cépage 100 % pinot noir. Quelques vignes de Ay et de Bouzy ont résisté au phylloxéra et sont de nos jours cultivées selon les méthodes traditionnelles, à la main. Dans les bonnes années (33 seulement depuis 1921), le champagne Vieilles Vignes se négocie aux alentours de 400 € la bouteille. On ignore précisément quand ces vignes furent plantées, le Domaine Lafond, planté en 1880, juste après le phylloxéra, au cœur du vignoble des Côtes du Rhône revendiquant lui aussi le titre de plus vieux vignoble de France.

Le grand-père

Le plus ancien vignoble d'Amérique est vraisemblablement le Grand-père d'Amador County en Californie, qui fut planté aux environs de 1850 (à l'origine pour produire du raisin de table). Certains experts pensent que quelques-unes des vignes plantées par les missionnaires, destinées à la fabrication du vin de messe, auraient également survécu jusqu'à nos jours.

Terroir millénaire

Les vins eux-mêmes résistent mieux au temps que les vignes qui les produisent, et la qualité du terroir – cette subtile alliance du sol, du climat, de l'orientation et du relief – n'est pas étrangère à cette longévité. Au XIe siècle, le Clos Vougeot fut le premier terroir à être désigné comme tel par les moines cisterciens qui lui prodiguaient leurs soins. Bien qu'ayant subi un grand nombre de remaniements depuis l'époque de Napoléon, il continue de produire un vin de Bourgogne à la saveur inimitable.

La qualité du sol est telle, dit-on, qu'à la fin de la journée, les vignerons sont priés de racler la terre de leurs semelles pour ne pas la laisser perdre. Après les fortes pluies, ils s'arment de pelles pour recueillir la terre ravinée par les ruissellements. On raconte également qu'au XIXe siècle, tout régiment passant devant le domaine devait faire une halte et présenter armes.

Le vin le plus ancien

Dans son *Histoire du vin*, Hugh Johnson raconte que, en 1961 il eut l'occasion de déguster un vin de 1540 – un Steinwein, de la région de Würzburg, sur les rives du Rhin. L'été 1540 avait été particulièrement chaud, et le vin avait survécu avec toutes ses « composantes vitales ». Conservé pendant de nombreuses années dans un grand fût, auquel on rajoutait régulièrement du vin de même provenance, il avait été mis en bouteille quelque deux siècles après la vinification. Johnson le décrit comme « un liquide ambré, au goût madérisé trahissant ses origines germaniques ». Cependant, les assemblages successifs qu'il a subis ne permettent pas de lui attribuer le titre de plus vieux vin du monde.

Le Tokay de Cromwell

Le viticulteur australien James Halliday raconte que, dans les années 1970, il dégusta une bouteille de Tokay 1646 en compagnie de l'œnologue Len Evans. C'était à l'occasion de la première rencontre du Single Bottle Club d'Australie. Halliday se souvient que le vin était « légèrement âpre mais néanmoins très correct », mais se dit incapable d'en fournir une description plus détaillée, ayant égaré les notes qu'il avait prises lors de ce dîner bien arrosé. Compte tenu du fait qu'à l'époque le très puritain Cromwell faisait la chasse aux vignerons anglais, le Club s'est déclaré globalement satisfait de la qualité du vin. Une bouteille du même millésime fut vendue aux enchères à Genève pour 700 $ à John A. Chunko de Princeton dans le New Jersey. Il se peut que ce soit la dernière bouteille du plus ancien vin de Tokay jamais goûté. Peu avant la Deuxième Guerre mondiale, la cave du négociant en vins Fukier, de Varsovie, comptait quelque 328 bouteilles de Tokay 1606. À la fin de la guerre, toutes avaient disparu. L'Armée rouge était passée par là. Depuis lors, plus aucune bouteille de ce millésime n'a refait surface.

Le vin de Pompéi

Nous ignorons quel goût avait le vin des Romains, mais nous savons qu'il ne laissait pas indifférent les habitants de la ville de Pompéi, qui fut ensevelie par l'éruption du Vésuve en l'an 79 de notre ère. De nombreuses fresques retrouvées dans les ruines représentent des scènes de libations et l'on sait que la ville comptait des dizaines de tavernes tenues par des demoiselles avenantes. Les vignes cultivées dans l'enceinte de la ville sont encore visibles de nos jours, de même que les caves et les jarres de terre cuite ou *doli* dans lesquelles était entreposé le vin.

L'un des cinq champs de vigne retrouvés à Pompéi a été remis en état sur l'initiative du Centre archéologique et de la famille Mastroberardino dans le cadre d'un plan de préservation du patrimoine viticole de Campanie.

La touche Berardino

Sans l'intervention d'Antonio Mastroberardino, il y a fort à parier que des vins comme l'Aglianico, le Greco di Tufo et le Fiano d'Avellino (introduits en Italie par les Grecs) n'auraient pas survécu au-delà de la Deuxième Guerre mondiale.

Mastroberardino incarnait la dixième génération d'une illustre famille de viticulteurs et son fils, Piero, est aujourd'hui à la tête du projet de la Villa des Mystères qui a pour vocation de redonner vie au vin de cette époque. À partir des fresques retrouvées à Pompéi et des écrits de Pline et de Columella (un chroniqueur agraire du Ier siècle auteur de *De Re Rustica*, la plus ancienne étude détaillée de la fabrication du vin), on a pu identifier et replanter les cépages d'alors. Le Piedirosso et le Sciacinoso (ou Olivella) ont été plantés à raison de 8 000 pieds à l'hectare. Des piquets de noisetier ont remplacé les palissages d'origine.

Des souris et des *doli*

Si le projet de la Villa des Mystères a permis de faire revivre la plupart des méthodes ancestrales de culture de la vigne (tuteurage, taille, récolte), certaines pratiques n'ont cependant pas pu être reconstituées. Ainsi, pour la fermentation, les Romains faisaient macérer le jus de raisin dans des amphores d'argile non fermées, les *doli*, qu'ils ensevelissaient jusqu'au goulot dans la terre afin de garder le moût au frais. Piero Mastroberardino a opté pour la macération lente, un vieillissement en fûts de bois – Pline recommandait dix années de maturation – et la mise en bouteille sans filtrage préalable.

Pline recommande également d'incinérer les cadavres de souris qui se seraient noyées dans les *doli*, puis d'intégrer les cendres dans la mixture – une tradition qui n'est plus vraiment au goût du jour. De même, le vin n'est plus conservé dans des amphores enduites de résine – qui donne au vin un arôme trop prononcé et en tue le bouquet. Les Romains aimaient boire leur vin épicé, sucré et coupé d'eau pour réduire les effets de l'alcool – il titrait jusqu'à 20° et plus.

Le vin, produit de nos jours sous l'appellation Villa dei Misteri, est un breuvage à la robe rouge presque opaque avec des arômes de fruits des bois, de poivre et d'épices. Les premières critiques furent mitigées. D'aucuns le déclarèrent « moelleux et épicé », d'autres le trouvèrent trop tannique, estimant la maturation insuffisante.

La récolte de 2001 n'a produit que 1 721 bouteilles, dont un grand nombre a été mis en garde pour affiner la maturation, une partie ayant été vendue aux enchères pour récolter les fonds nécessaires à la poursuite du projet.

« Absence de défauts n'est point preuve de vertu »

Viticulteur californien, spécialisé dans la fabrication du vin médiéval, Sean Thackrey a recours aux préceptes des textes anciens plutôt qu'à la science du XXe siècle. C'est ainsi qu'il laisse reposer le raisin en plein air pendant vingt-quatre heures avant de le mettre à macérer dans des fûts ouverts à l'ombre des eucalyptus qui peuplent son domaine. Laisser reposer le raisin permet aux microbes de «fleurir» à la surface du fruit abîmé. Cette «pourriture» permet une plus grande diversité d'arômes. En dépit de son approche passive et empirique de la viticulture, certains de ses meilleurs crus ont obtenu une notation excellente sur l'échelle de Parker. Sa Petite Sirah a décroché 96 points et son Orion (appellation California Native Red Wine) 94. Il dit que, contrairement aux idées reçues, ses vins sont meilleurs consommés vingt-quatre heures après avoir été débouchés.

Un madère, ma chère ?

Deux bouteilles de madère, oubliées depuis 1670 dans la cave d'un officier d'artillerie résidant à Spitalfields, furent exhumées en 1999 par des archéologues du Musée de Londres. L'une d'elles avait perdu son bouchon, mais l'autre était intacte. Un petit échantillon en fut goûté par – entre autres sommités – Michael Broadbent, Master of Wine, et sans conteste le plus grand spécialiste mondial des cuvées historiques, et David Molyneux-Berry, œnologue chez Sotheby's. Bien que divisés dans leurs appréciations, les experts convinrent que le vin était buvable, bien que « vert » et très sec (une appréciation positive) ou « légèrement piquant » (une appréciation négative).

Chauffé en étuve, le vin de madère a la réputation d'être quasi indestructible. Une bouteille ouverte peut se conserver pendant des mois, voire des années. Souvent, ce type de vin est conservé debout. Savannah, en Géorgie, patrie de quelques-unes des plus anciennes caves d'Amérique, est célèbre pour ses vieux madères, dont les étiquettes portent, outre le nom des bateaux qui les ont convoyés jusqu'en Amérique, le nom de leur propriétaire.

Sauvé des eaux

Un autre madère du XVIIe siècle provenant, cette fois, d'un bateau de guerre hollandais coulé en mer de Wadden, fut goûté en 2000. La bouteille en forme de gourde et de couleur verte avait probablement appartenu au capitaine du vaisseau. Dans ses notes, l'historienne néerlandaise Lucette Faber évoque un arôme de « confiture d'orange à l'ancienne et de noix ». Elle a également relevé une trace de baie de sureau – un ingrédient présent dans les vins du Douro jusqu'à la fin du XIXe siècle. L'analyse chimique indique un degré d'acidité élevé, vraisemblablement dû à la présence du sureau.

Le Vin Jaune

Un autre vin à la longévité exceptionnelle est le Vin Jaune, originaire de la région de Château-Chalon, dans le Jura. En novembre 1994, des experts se réunirent pour goûter une bouteille médaillée d'or à la Foire de Paris de 1868. Le vin, produit en 1774, fut décrit comme un liquide clair et brillant avec un bouquet fin et intense, un palais charnu avec des notes boisées, et une persistance en bouche exceptionnelle. Le propriétaire en possède encore quelques bouteilles.

Le Vin Jaune doit sa longévité à son processus de maturation. Élaboré à partir de Savagnin, un cépage du Jura, il est entreposé dans des fûts de chêne qui ne sont pas remplis complètement afin de permettre le développement d'un *voile* de levure en surface. Le vin doit rester six ans et trois mois en vidange avant d'être mis en bouteille dans des clavelins de 62 cl – les 62 cl correspondant à ce qu'il reste d'un litre de vin après six ans de maturation – un lent vieillissement qui lui confère un goût de noix très prononcé.

Le plus vieux vin australien

Le plus vieux vin d'Australie conservé à ce jour est un claret, produit en 1867 par la coopérative des vignerons de Tintara, aujourd'hui propriété du géant australien du vin B.R.L. Même si un coup de plumeau malencontreux n'avait pas renversé une bouteille de Cabernet Gilbert Pewsey Vale réserve 1864, au grand dam de son propriétaire, le célèbre œnologue australien Len Evans, le Tintara demeurerait la plus vieille bouteille de vin australien connue à ce jour.

Tous ces vins – à l'exception du Steinwein 1540 mentionné plus haut – avaient été mis en bouteilles. Sans cette invention, l'art du vin n'aurait probablement jamais existé.

Carafons et bouteilles

Pendant des siècles, le vin fut directement tiré du tonneau et servi dans des pichets d'argile et, plus tard, d'étain. Cependant,

ce type de contenant comportait un inconvénient majeur : il ne permettait pas d'apprécier le niveau de la lie qui, lorsqu'elle se mêle au vin, gâte le plaisir du palais. C'est au XVIIe siècle que les premières carafes de verre firent leur apparition. On les apportait au caviste pour qu'il les remplisse – comme le célèbre chroniqueur anglais Samuel Pepys en 1663 qui se rendait à la coopérative avec ses « bouteilles armoriées ». Ces dernières, marquées au sceau de leur propriétaire, étaient un bien précieux et soigneusement conservé.

La plupart des bouteilles du XVIIe siècle étaient des flacons pansus, surmontés d'un goulot. Leur forme ne permettait pas de les coucher côte à côte pour les conserver, et ce n'est qu'en 1720 qu'une version longue et étroite, pouvant être entreposée sur des claies par centaines, ou, dans le meilleur des cas, par milliers, fit leur apparition.

La revanche de Ravenscroft

Les carafes transparentes furent introduites en Angleterre dans les années 1670 par George Ravenscroft qui avait découvert – à moins qu'il ne l'ait chipé aux Vénitiens – le secret de fabrication du cristal. Celles-ci permettaient de voir le niveau de la lie et quand il fallait cesser de verser. Le terme « décanteur » pour désigner ce type de carafe n'apparut que cinquante ans plus tard. En 1849, Lord Cardigan désigna un officier chargé de servir le vin directement depuis la bouteille sans le transvaser au préalable dans une carafe.

Jusqu'à ce que l'impôt sur le verre soit aboli, au XIXe siècle, les bouteilles étaient des objets de luxe en Angleterre. Leur coût de production et d'achat s'en trouva considérablement réduit, ce qui n'était pas une mince économie quand on sait que le verre blanc était taxé onze fois plus que le verre teinté. Au début du XIXe siècle, les souffleurs de verre furent remplacés par des machines et les cavistes français instaurèrent les formes et contenances standards des bouteilles telles que nous les connaissons encore aujourd'hui. Les deux plus répandues sont celles de Bordeaux et de Bourgogne – la première étant la plus récente des deux. Sa forme « carrée » est plus difficile à réaliser manuellement, mais plus apte à retenir les sédiments.

Un fameux culot

Le docteur Karl Blanks, chercheur à l'Université de Cambridge, a imaginé une formule permettant d'estimer le prix d'une bouteille en mesurant la saillie du culot. Personne ne sait précisément à quoi servait le culot. La théorie la plus plausible est qu'il permettait de retenir le dépôt résiduel qui se formait dans les vieilles bouteilles. D'après le docteur Blanks plus la saillie était importante et plus la bouteille était chère. Sa formule s'exprime ainsi : la longueur du culot (en millimètres) plus 3,49, divisée par 4,3144 permet d'obtenir la valeur approximative d'une bouteille de vin rouge en livres sterling. Pour le blanc, il convient d'ôter une livre. Son site Internet laisse entendre que les résultats ne sont fiables que pour les bouteilles dont la valeur est comprise entre 5 et 10 £.

Formes et contenants

Nom	*Contenance*	*Équivalent*
Piccolo	Quart de bouteille	18,7 cl
Fillette	Demi-bouteille	37,5 cl
Bouteille	-	75 cl
Magnum	Deux bouteilles	1,5 l
Marie-Jeanne (champagne)	Trois bouteilles	2,25 l
Jeroboam (champagne ou Bourgogne)	Quatre bouteilles	3 l
Rehoboam	Six bouteilles	4,5 l
Impériale	Huit bouteilles	6 l
Mathusalem (Bourgogne)	Huit bouteilles	6 l.
Salmanazar	Douze bouteilles	9 l.
Balthazar (champagne)	Seize bouteilles	12 l
Nabuchodonosor (champagne)	Vingt bouteilles	15 l

La bouteille de 50 cl servant de contenant au porto, au Tokay, ainsi qu'à de nombreux vins doux qui ne portent pas de nom spécial.

Au début du XXe siècle, une firme américaine s'était spécialisée dans la fabrication des tire-bouchons géants pour les bouteilles de grande contenance. Maintenant que les goulots sont tous façonnés sur le même modèle, cet accessoire est devenu obsolète.

Destruction impériale

En 2002, suite à une bévue (du transporteur et non de l'employé de la Régie des contributions indirectes), une impériale de Château Mouton Rothschild 1996, estimée à 3 800 €, ainsi que plusieurs caisses de grands crus classés estimés à 198 000 €, ont été détruites par les services des douanes de sa Majesté. Raison invoquée pour ce massacre : le manque de place pour le stockage.

La plus grosse bouteille du monde...

C'est un Maximus (1,35 m de haut, 153 kg). Il fut cédé pour 56 000 € par Sotheby's à un marchand de vins et de chocolat du New Jersey qui voulait l'exposer dans sa vitrine. Réalisé par des maîtres verriers tchèques, il contient l'équivalent de 173 bouteilles de Napa Valley Cabernet Sauvignon du producteur Beringer, ce qui représente approximativement 1 350 verres. Vendu au détail, le vin se serait négocié aux alentours de 2 000 € à la caisse. La vente a été réalisée au profit de Share Our Strength, une association de bénévoles contre la faim dans le monde.

...et la plus petite

Les plus petites bouteilles mesurent un peu moins de 3,5 cm. Soufflées à la bouche, elles contiennent 0,75 ml de vins provenant presque toujours de vignobles réputés. Pour un Guigal, Côte-Rôtie « La Turque » compter environ 40 € ; idem pour un Clos Vougeot ; 90 € pour un Richebourg de Gros Frère et Sœur, mais celle-ci se pare d'un cachet en or 24 carats. Toutes ces mignonnettes sont des éditions limitées (1 000 sujets) dont un grand nombre sont achetées par des collectionneurs de maisons de poupées.

Ullage, schmullage ou « ouillage »

L'ouillage est un terme technique qui désigne l'espace compris entre la base du bouchon et le vin. À mesure qu'il vieillit le vin tend à s'évaporer. Il arrive que le niveau du liquide s'abaisse de plusieurs centimètres. Il s'agit d'un critère important lorsqu'on achète une bouteille aux enchères, dont le niveau est précisé dans le catalogue. Plus il est bas et plus il y a de chances pour que le vin soit piqué.

Définition de la vidange (ou niveau de remplissage) selon Broadbent

Les définitions ci-après proviennent des catalogues de Christie's et furent publiées pour la première fois dans les années 1980. Michael Broadbent n'a, à son grand dam, jamais pu en obtenir les droits exclusifs.

Ci-après, le niveau de remplissage pour le vin de Bordeaux et ses incidences sur la qualité du produit.

Niveau de remplissage (cm)	*Incidence*
0,3	Normal pour un vin jeune ou un vin vieux rembouteillé.
0,5	Acceptable quel que soit l'âge. Excellent pour un vin vieux.
1,5	Normal pour les vins de 15 ans et plus.
2,5	Normal pour les vins vieux. Acceptable pour les vins de plus de 20 ans.
3	Sans garantie de qualité.
3,5	Risque élevé, comme l'indique le prix de vente estimé.
6	Risque certain.
7	Souvent imbuvable. La vigilance s'impose !

Les Bourgognes sont moins affectés par les faibles niveaux de remplissage que les autres vins. Alors qu'une vidange de 7 cm en dessous du bouchon serait un sérieux handicap pour un vin de Bordeaux, il est parfaitement acceptable pour un vin de Bourgogne de l'entre-deux guerres. L'état du bouchon est également un facteur déterminant dans la conservation des vieux vins. Si le bouchon n'a pas été régulièrement changé, la qualité s'en ressentira, raison pour laquelle les grands châteaux procèdent régulièrement au rembouteillage.

Le rembouteillage

Le producteur australien Penfold a ouvert une « clinique de rembouteillage » des vins rouges. Décrit par la firme comme « le nec plus ultra dans le domaine du service après-vente », la clinique propose aux propriétaires de bouteilles de plus de 15 ans d'âge de vérifier leur état de conservation. Si elles passent le test de dégustation supervisé par Peter Gago – surnommé « docteur La Mort » par l'œnologue anglais Tim Atkin –, elles sont immédiatement rembouteillées. Depuis douze ans qu'elle existe, la clinique Penfold a rembouteillé quelque 50 000 pièces.

Le bouchon dans tous ses états

La question du bouchage a de tout temps posé problème. Les premiers bouchons étaient vraisemblablement des bondes en bois de pin. Insérées dans le goulot des amphores, elles étaient scellées au moyen d'un mélange d'argile et de résine. C'est cet ancêtre du bouchon qui a donné son nom au retsina – un vin blanc au goût de sève de pin. Avant cela, on ne bouchait pas le vin, sur lequel on versait simplement une couche d'huile afin d'éloigner les insectes et d'empêcher l'air de gâter le contenu de l'amphore.

Les bouchons de verre poli firent leur apparition aux XVIe et XVIIe siècles, supplantant les tapons en toile cirée ou en cuir. Façonnés sur mesure, ils étaient très résistants et permettaient de sceller hermétiquement les goulots dont la forme et la taille variaient considérablement d'une bouteille à l'autre.

Château Lafite eut recours aux bouchons de verre dans les années 1820. Mais ils étaient difficiles à extraire sans casser la bouteille, contrairement aux bouchons de liège dont l'usage commençait à se généraliser.

Du bon usage du bouchon

Le bouchon commença à s'imposer au XVIIe siècle. Dans *Comme il vous plaira* acte III, scène II, de William Shakespeare, Rosalind ordonne à Célia, déguisée en homme : « Ôte le bouchon que tu as dans la bouche. » Il semblerait que le premier tire-bouchon ait fait son apparition en 1681, bien que le premier brevet de fabrication (numéro de patente 2061) n'ait été déposé qu'en 1795 par le révérend Samuel Henshall.

C'est grâce à l'apparition du bouchon de liège combinée à celle de bouteilles plus robustes inventées par Sire Kenelm Digby, diplomate et écrivain anglais, que la deuxième fermentation des vins de Champagne a pu voir le jour en Angleterre au XVIIe siècle – quelques années avant que Dom Pérignon ne prononce sa célèbre tirade apocryphe : « Venez vite, mes frères, car je vois des étoiles. » Mais, quoi qu'il en soit, il semblerait que les jours de notre bon vieux bouchon de liège soient comptés.

La mort du bouchon

On dit d'une bouteille qu'elle est bouchonnée quand son bouchon est contaminé par le trichloroanisole, ou TCA, une molécule qui confère au vin un goût fade et une odeur de moisi ou de carton bouilli.

Les experts divergent sur la proportion de vins bouchonnés. Les plus modérés parlent d'environ 5 % – soit une bouteille

sur vingt. Mais d'autres estiment qu'une bouteille sur cinq est piquée. À la Foire au vin de Sydney de 2004, on a constaté que 180 bouteilles sur 2 160 étaient contaminées par le TCA. Soit une sur douze. La raison de cette variation importante est que les dégustateurs ont un palais plus ou moins sensible. La qualité du bouchon joue également un rôle. Dans son *Manuel de poche du vin*, l'œnologue britannique Hugh Johnson préconise l'usage d'un bouchon en matière synthétique pour le « vin de consommation courante ». D'après lui, entre 5 et 10 % des bouteilles vendues dans le commerce seraient bouchonnées.

Plus les chercheurs sont nombreux à se pencher sur la question et plus les opinions divergent quant à la solution à adopter. Ainsi, Nigel Greening, propriétaire-négociant du Domaine Felton Road de Nouvelle-Zélande déclare : « Pourquoi diable faudrait-il absolument introduire un morceau de bois mort dans notre vin ? » Si le bouchon venait à disparaître, les expressions comme que *les aristocrates du bouchon* (pour désigner les plus anciennes familles de récoltants-producteurs du Bordelais) seraient elles aussi menacées de disparition. Mais, malgré cela, les producteurs de vin sont de plus en plus nombreux à opter pour un type de bouchon plus moderne.

Les bouchons du troisième millénaire

Environ un sixième des producteurs dans le monde ont opté pour les bouchons synthétiques. L'un des plus répandus étant la capsule à vis. Le tout premier brevet en fut déposé par Dan Rylands de Barnsley, dans le Yorshire, en 1889. De nos jours, le grand favori est le Stelvin, développé par le Français Pechiney. Fiable et efficace, avec un prix de revient sensiblement égal à celui du bouchon de liège, les vins blancs jeunes semblent bien s'en accommoder. En revanche, les experts craignent des répercussions négatives sur le vieillissement des rouges grands crus. Une dégustation comparative de deux Nuits-Saint-Georges 1964, menée par le professeur Michel Feuillat de l'Université de Dijon, n'a pas permis de déceler une différence de goût significative. Le premier Bordeaux Cru Classé à avoir été bouché avec un Stelvin était un Graves Château Couhins-Lurton 2003.

Le Guala Seal Elite est un autre bouchon de la nouvelle génération. De fabrication italienne, il s'attribue le mérite de laisser passer une infime quantité d'oxygène permettant d'empêcher le développement de certains arômes qui altéreraient le goût du vin.

Oxygène ou pas ?

Une étude menée en 2005 par Allen Hart, récoltant à Southcorp, en Australie, a conclu que « l'oxygène ne jou[ait] pas de rôle vital dans l'évolution et la maturation des vins rouges après la mise en bouteille ». Car si une petite quantité d'oxygène permet d'accélérer la maturation du vin, elle n'est en aucun cas indispensable.

La capsule à vis

Récemment un restaurant de Houston a enrichi sa carte des vins d'une sélection de bouteilles à « bouchons alternatifs ». Cependant, les sommeliers ne semblent pas encore avoir trouvé la technique pour dévisser ces bouteilles avec le style et l'aisance d'usage. À ce jour, la meilleure approche consiste à « dévisser aussi lentement que possible la capsule ».

La vis et ses vertus – ou pourquoi il est temps de l'adopter selon Randall Graham

L'Américain Randall Graham propriétaire du domaine Bonny Doon, bien connu pour son humour farfelu, a trouvé dix bonnes raisons de généraliser l'usage de la capsule à vis :

1 - Règle définitivement le problème des taxes sur le liège.
2 - Simplifie la vie lors de célébrations importantes (libération sur parole, commutation de peine, etc.) où il n'est pas toujours possible de mettre la main sur un tire-bouchon.
3 - A un côté très « tendance ».
4 - Permet d'engager la conversation avec la serveuse : « Pourriez-vous, euh… calotter ma bouteille ? »
5 - Idéal pour les soirées en petite tenue.
6 - Fini le canular des tire-bouchons pour gauchers.
7 - Difficile de trouver un tire-bouchon au bord de la voie de chemin de fer.
8 - Offre un sujet de conversation passionnant pendant les dîners où l'on a rien à se dire.
9 - On ne vous accusera plus jamais de sniffer le bouchon.
10 - Fini la déception du vin bouchonné.

Autre avantage de la capsule à vis, elle est inviolable à 100 %. Les producteurs ont de tout temps eu recours à des subterfuges tels que capuchons de masquage, rubans ou collerettes de papier pour sceller les bouteilles et les rendre inviolables, mais aucune de ces méthodes n'est vraiment fiable. Au mieux, elles évitent l'adultération du produit après sa distribution chez les détaillants.

Les arômes du vin

Malheureusement, les producteurs ont de tout temps cherché à duper les consommateurs.

L'aromatisation du vin est une vieille habitude... y compris chez les consommateurs eux-mêmes !

Période	*Ingrédients rajoutés*	*Finalité*
Égypte ancienne	Résine	Servait à sceller les amphores et à donner du goût.
Égypte ancienne	Coriandre	Aphrodisiaque
Crète VIe au IIe siècle avant J.-C.	Crocus herbes aromatiques et poivre	Guérison de l'asthme, des infections chroniques et de l'insomnie.
Ancienne Égypte et Rome	Miel	Édulcorant. Souvent ajouté au mulsum – le vin distribué à la plèbe lors des célébrations publiques.
Empire romain 1er siècle apr. J.-C.	Plomb	Utilisé comme conservateur pour stopper la fermentation et masquer le goût des vins de mauvaise qualité. Le plomb entrant dans la fabrication des pichets en céramique jouait également un rôle. Il était responsable de troubles tels que la goutte, la stérilité et l'imbécillité des deux sexes. Seuls les paysans qui conversaient leur vin dans des outres étaient épargnés.
Empire romain	Eau de mer	Ajoutée à la plus infâme piquette appelée posca, le breuvage favori des légionnaires. L'éponge qui fut présentée à Jésus sur sa croix avait été trempée dans la posca pour prolonger son agonie. L'eau de mer servait également de conservateur pour le vin doux de Crète.

Empire romain	Garum (saumure de poisson), ail, oignon	Utilisés comme renforçateurs de goût !
France XIXe siècle	Vins du Rhône de l'Hermitage	Ajoutés aux vins de Bordeaux pour en améliorer la couleur et la saveur.
France années 1930	Vins d'Algérie, du sud de la France et d'Espagne	Utilisés pour corser les Bordeaux et les Bourgognes. Une pratique qui eut pour conséquence la création du label AOC.
Autriche 1985	Ethylène Glycol (antigel)	Permet d'augmenter le taux de sucre et d'alcool et, par conséquent, de faire monter les prix. Découvert par hasard à la suite d'un contrôle fiscal.
Afrique du Sud 2004		Pour rehausser le Sauvignon blanc produit pas KWV (le plus gros producteur de vin d'Afrique du Sud). Deux des vignerons « véreux » furent licenciés. Les deux hommes, qui encouraient jusqu'à quatre ans de prison, bénéficièrent d'un non-lieu et furent réintégrés dans leurs postes d'origine.

In memoriam monsieur Bouchon

En octobre 2002, Randall Graham organisa une veillée funèbre pour feu «monsieur Bouchon». Dans son homélie prononcée à la gare Grand Central de New York, Jancis Robinson, Master of Wine, salua la « remarquable longévité » de monsieur Bouchon, tout en déplorant que « les bouchons les plus prometteurs cachaient parfois un ignoble picrate, alors que des bouchons en état de pourrissement avancé abritaient des grands crus classés ».

Le repas de funérailles composé par Alison Kirsch proposait des « amandes noircies », suivies d'un « lieu noir sauce miso », puis d'un « cercueil de chocolat, truffes et confiture ». Une bière réalisée sur mesure pour contenir le « cadavre » était exposée au centre de la table.

Le chêne aromatique

De nos jours, le principal « renforçateur de goût » du vin est le chêne, même si d'autres essences, comme le noyer, entrent dans la fabrication des fûts. Pendant des siècles, les Français ont dominé la production des fûts, grâce au chêne qui fut longtemps le roi des forêts de l'Allier et de la Nièvre. Mais les ressources tendant à diminuer, les producteurs commencent à s'orienter vers d'autres essences. Cependant, le chêne présente des caractéristiques qui le différencient des autres essences et qui sont liées à son origine géographique. Les deux principales variétés françaises sont le Quercus sessiliflora et le Quercus robur, alors que le Quercus alba provient d'Amérique.

Origine	*Particularités gustatives*
Russie	Plus aromatique, fait ressortir le fruit. Goût de vanille très présent, mais plus dur et sec en bouche sur la fin.
Hongrie	Vanille moelleuse et noix de coco. Plus léger en tanin que le chêne américain.
France	Moelleux et subtil.
États-Unis	Arôme de vanille très marqué – parfois plus astringent que le chêne européen.
Slovénie	Riche en tanin (très utilisé par les producteurs du nord-ouest de l'Italie).
Canada	Arômes de fenouil et de réglisse.
Allemagne	Arôme de noisette grillée.

L'écart de prix entre les différentes espèces de chênes est sensible. Un fût français coûte environ 600 € (et jusqu'à 700 et plus selon la qualité du bois), soit le double d'un fût américain.

Selon certains experts, la variété du chêne serait moins déterminante que la technique et l'intensité de la chauffe. Une chauffe

légère exalte les arômes fruités alors qu'une chauffe plus soutenue donne un goût fumé, boisé et épicé.

Tonneaux et copeaux

Il ne faut pas confondre le vin qui a vieilli en fût de chêne et celui auquel on a ajouté des copeaux ou de l'essence de bois de chêne pour lui donner du goût. Bien qu'illégale dans de nombreux pays, et notamment au sein de l'Union européenne, cette technique est néanmoins très répandue et explique l'arôme fortement « boisé » de certains Chardonnay de qualité inférieure produits en Amérique.

Le vin et le plomb

Tout comme le chêne, le plomb renforce l'arôme du vin. Il permet de le conserver tout en lui apportant de la douceur. Malheureusement, c'est un poison. Le saturnisme faisait déjà des ravages chez les Romains qui avaient découvert que le raisin mis à bouillir dans des cuves de plomb donnait un jus plus concentré et doux. Une pratique approuvée par Pline lui-même et qui se perpétua tout au long du Moyen Âge et jusqu'au XVIIIe siècle. Ce n'est qu'à la fin du XVIIe siècle que les travaux du docteur Eberhard Göckel mirent en évidence les effets pernicieux du plomb, responsable de poussées de fièvre, de constipation, de violents maux d'estomac, de cécité et de paralysie. Cependant, à en croire Hugh Johnson, ce n'est qu'à la fin du XIXe siècle que les Français cessèrent de mettre des balles de mousquets dans leur vin pour l'adoucir.

Le premier grand cru de l'histoire

Le premier grand vin de l'histoire était selon toute vraisemblance enrichi en plomb.

L'immortel Falerne, produit en 121 av. J.-C., était un vin blanc capiteux tiré d'un raisin de la région de Naples. Il titrait entre 15° et 16° d'alcool après une maturation de vingt ans qui lui conférait une belle robe ambrée. Dans le *Satyricon*, Trimalchio, le riche esclave de Petronius Arbiter, fait servir du vin de Falerne à ses convives pour leur en mettre plein la vue. On raconte qu'il fut servi à Caligula 160 ans plus tard (il fallait oser), puis goûté par Pline le Jeune (80 apr. J.-C.) qui le trouva trop concentré et à peine buvable.

La cuvée de la comète

En 1811, le passage de la comète de Flauguergue (qui tient son nom de l'astronome Honoré Flauguergue) eut, dit-on, des répercussions bénéfiques sur le climat. Cette année-là, l'été fut chaud et sec et les vins excellents. Ainsi le Château d'Yquem 1811 se vit attribuer un 100 par Robert Parker en 1995. Les étoiles, qui figurent sur l'étiquette des bouteilles de cognac, sont un hommage à cette année exceptionnelle. D'autres années « comète » dont 1985 et 1989 furent également célébrées et, en 1985, l'étiquette du Château Lafite Rothschild se para d'une comète en hommage à l'illustre corps céleste de 1811.

Ces cuvées d'exception ont fait des apparitions dans la littérature. Dans les *Falaises de marbre*, le héros d'Ernst Jünger et son frère boivent une « année de la comète ». L'auteur raconte qu'il avait à l'esprit un Lafite 1811. Dans la nouvelle d'Arthur Conan Doyle, *The Stockbroker Clerc*, le docteur Watson dit de Sherlock Holmes « qu'il a l'air d'un connaisseur dégustant sa première gorgée de vin de la comète ». En 1999, cette remarque, étayée par quelques autres, fut mise en avant par la Société française des amis de Sherlock Holmes afin de prouver que le grand détective était en réalité français. Après tout, n'avait-il pas refusé l'ordre de la Jarretière (dans *Les Aventures des trois Garridebs*) mais a accepté la Légion d'honneur (dans *Les Aventures du pince-nez*) ? Il parlait un français impeccable grâce auquel, du reste, il évita une rossée mémorable à Watson dans les faubourgs de Montpellier. Outre le vin de la comète, il buvait du Beaune et du Montrachet.

Le champagne de la comète

Il n'est pas impossible que le premier champagne « moderne » ait été un vin de la comète. Le secret de fabrication du champagne, tel que nous le connaissons aujourd'hui, fut découvert par la veuve Cliquot au début du XIXe siècle à l'occasion d'un *remuage*. Ce procédé consiste à tourner et à secouer la bouteille à intervalles répétés pour attirer le dépôt qui trouble le champagne dans le goulot puis à le dégorger afin d'obtenir un liquide clair. En 1814, le représentant de la veuve Cliquot, M. Bohne se rendit à Moscou peu après la retraite de Napoléon pour y vendre du champagne cuvée 1811. Il nota dans ses Mémoires que les gens faisaient la queue à l'extérieur de son hôtel pour goûter ce vin à la limpidité sans pareille.

La cuvée de la victoire

En dépit des ravages de la guerre, 1945 fut une année exceptionnelle, encore meilleure que 1961, à en croire Michael Broadbent et, en particulier, pour le vin de Bordeaux. La gelée du mois de mai suivie d'un été brûlant ne permit qu'une modeste récolte sur des ceps francs de pied, mais à la tenue remarquable. Dans ses notes de dégustation, Broadbent qualifie le Mouton Rothschild de « Churchill des vins », dont il vante le caractère très affirmé. L'étiquette du peintre Philippe Julian porte la mention « Année de la Victoire » et représente le célèbre V de la victoire (voir page 58).

Les Bordeaux blanc et rouge ne furent pas le seul à bénéficier des conditions climatiques exceptionnelles de l'année 1945, même si les étés chauds sont généralement plus favorables aux vins rouges. Les Bourgognes et les Côtes du Rhône rouges sont absolument remarquables. Le porto est également extraordinaire en dépit, ou à cause de la sécheresse. Entre septembre 1944 et août 1945, il ne tomba pas pour ainsi dire pas de pluie. Les blancs d'Alsace et allemands ne furent pas en reste, même si, en toute logique, la récolte fut infime et qu'il ne subsiste que de très rares exemplaires de ce millésime.

La cuvée du millénaire

2000 fut une année exceptionnelle dans toute l'Europe. Gonflé par « l'effet » millénaire, le prix du Bordeaux atteignit de tels sommets que des négociants de Londres, Paris, New York et Los Angeles adressèrent une pétition à Vinexpo, accusant les premiers crus et leurs prix exorbitants de « tuer le petit commerce ».

L'année commença par un hiver froid et sec, suivi d'un printemps et d'un début d'été pluvieux. Après quoi, le soleil brilla sans discontinuer quoi que sans excès depuis la mi-juillet jusqu'à la fin septembre.

Des conditions idéales pour le Bordeaux – à l'exception du Sauternes, qui supporta mal les pluies de septembre. Robert Parker qualifia l'année 2000 de meilleur millésime de tous les temps. Le *Wine Spectator* parla de « cuvée du siècle ». Certains Bordeaux achetés *en primeur* en 2001 ont vu quadrupler leur valeur initiale au cours des quatre années suivantes.

Rothschild et l'art de l'étiquette

L'étiquette de la « Cuvée de la Victoire » fut la première d'une série devenue célèbre inaugurée par le baron Philippe de Rothschild.

En 1945, Rothschild réunit pour la première fois une commission pour choisir le bandeau supérieur de son étiquette. Il parvint à persuader des artistes de renom comme Pablo Picasso, Francis Bacon ou Keith Haring de dessiner les étiquettes de son Château Mouton Rothschild. En 1996, la collection complète de 1945 à 1994 s'est vendue à 38 000 $ aux enchères. On peut la voir aujourd'hui exposée au *Royal York Hotel* à Toronto.

En échange de leur contribution, les artistes recevaient quatre caisses de Mouton Rothschild pour une valeur totale de quelque 7 500 $ actuels. Les années Marc Chagall (1970), Andy Warhol (1975) et John Huston (1982) furent particulièrement fastes. Contrairement à celles de Picasso (1973), de Dali (1958) et de Joan Miro (1969). Parmi les plus récentes, on notera celle du peintre russe Ilya Kabakov en 2002.

La « consigne » est de faire une œuvre « colorée » contrastant avec la couleur sombre de la bouteille et les lettres noir et rouge de l'étiquette. Trois thèmes sont imposés : le bélier, symbole du château et sujet de la toute première étiquette éditée par le baron Philippe en 1924 ; le vin et la vigne, et les plaisirs de la boisson.

Depuis 1945, seuls trois millésimes n'ont pas eu droit à la contribution d'un artiste : 1953, 1977 et 2000.

En 1953, année du centenaire de Mouton Rothschild, c'est un portrait du fondateur qui eut l'honneur de figurer sur l'étiquette.

En 1977, ce fut la reine Elizabeth.

L'étiquette de 2000, émaillée à l'or fin, reproduisait le bélier d'Augsburg tel que figurant sur une coupe d'argent ciselée par un orfèvre allemand en 1590 et visible au musée du Château.

Les étiquettes

Les premières étiquettes firent leur apparition à la fin du XVIIe, même si la colle permettant de les maintenir en place ne vit le jour que vers la moitié du XIXe siècle. Les étiquettes ne devinrent nécessaires qu'à partir du moment où le vin fut vendu en bouteilles. Le diplomate anglais Sir Kenelm Digby fut le premier à imaginer un type de bouteille suffisamment robuste pour pouvoir entreposer le vin en cave sans risques – contrairement aux carafes de verre qu'il fallait envelopper dans la paille pour limiter la casse. Il convient de préciser que, à l'origine, les bouteilles de Chianti étaient renforcées par des corsets de paille, ceux-là même que nous trouvons si ringards de nos jours…

Vers la moitié du XVIIe siècle, on accrochait des plaques d'argent au goulot des bouteilles pour les identifier. Certains marchands ou producteurs faisaient imprimer leur sceau directement dans le verre de la bouteille fabriquée sur commande.

La première étiquette en papier

Il semblerait qu'elle ait été rédigée par le botaniste italien Pier Antonio Micheli vers 1700. Il n'y figurait rien de plus que la mention « Verdicchio ». Des étiquettes en papier ou en parchemin étaient enroulées autour des goulots des premières bouteilles de champagne pour en indiquer l'année et la provenance. C'est au XVIIIe siècle que les producteurs-récoltants se chargèrent eux-mêmes de l'étiquetage. Claude Moët – le précurseur de Moët et Chandon – fut l'un des premiers à parer ses bouteilles d'étiquettes sur lesquelles ne figuraient que le nom du vin et le millésime.

En 1798, l'invention de la lithographie, par l'Autrichien Alois Senefelder, révolutionna l'étiquetage. Il devint possible d'ajouter des dessins, de la couleur et de varier la forme et la taille des caractères.

Les étiquettes à message

Bartolo Mascarello, un récoltant de Barolo très attaché à la tradition, et surnommé « le dernier des Mohicans », peignait lui-même ses étiquettes à la main. La plus célèbre d'entre elles fut sans doute : « No Barrique, No Berlusconi », créée juste avant les élections de 2002 et présentée en vitrine chez un caviste d'Alba. L'étiquette représentait un portrait du Premier ministre italien « taggué » sur mur de brique. Bien que farouche opposant à l'homme politique, Mascarello n'a pas réussi à empêcher sa réélection ni l'importation massive de barriques en chêne français par les caves de Barolo pour remplacer les traditionnels *botti* (fûts en chêne de Slovénie). Sur une autre étiquette, il invoquait Robespierre en déclarant que le bois devait servir à fabriquer des barricades plutôt que des barriques. Mascarello nous a malheureusement quittés en mars 2005.

Étiquettes à fonctions

Selon *Time Magazine* « l'invention la plus sympa de l'année 2004 » est l'étiquette thermo-sensible mise au point par la firme britannique William Grant & Sons pour le Mar de Frades, un Albarino fruité du nord-ouest de l'Espagne. Quand le vin mis à rafraîchir a atteint la bonne température, une barque flottant sur l'océan apparaît sur la bouteille. Il existe une autre version où une femme, habillée quand le vin est à température ambiante, apparaît nue quand le vin est frappé.

Étiquettes à scandale

Depuis 1997, le producteur-récoltant Allessandro Lunardelli s'est spécialisé dans les étiquettes à scandale. Celle de Mussolini, représentant un Ducce à l'air conquérant, fut la première à défrayer la chronique. Les avis divergent quant à la clientèle ciblée par Lunardelli. D'aucuns évoquent les collectionneurs d'art kitsch, d'autres des nostalgiques de l'ère fasciste. Lunardelli rejette la seconde interprétation, en faisant remarquer qu'il propose également des cuvées « Che Guevara », « Lénine » ou « Staline ». Il n'empêche que les ventes ont explosé depuis le lancement de la cuvée « Hitler ». Accompagnée du slogan « Un peuple, un Reich, un Führer », elle provoqua un tollé en Allemagne et fut interdite à la vente par la Commission européenne.

Le Merlot Mao Ze Dong

Le portrait de Staline ornant l'étiquette d'un vin ukrainien a provoqué une vive émotion parmi les milliers de sujets canadiens d'origine ukrainienne qui ont obtenu qu'il soit retiré de la vente. « Je doute que quiconque au Canada accueille de bon cœur le Riesling d'Hitler, le cherry de Staline, le porto de Pol Pot ou le Merlot de Mao », a déclaré en substance leur porte-parole.

En 2002, aux États-Unis, c'est un producteur portugais qui s'est vu contraint de retirer de la vente 300 000 bouteilles d'Esporao, dont l'étiquette représentait un homme barbu offrant une vague ressemblance avec Oussama Ben Laden.

Peintre au rouge

Le Français Philippe Dufrenoy s'est spécialisé dans la peinture au vin. Son goût pour cette forme d'art lui est venu après un déjeuner bien arrosé dans un bistrot bordelais, alors qu'il essayait de nouveaux pinceaux sur la nappe en papier. Tous les vins n'ont pas la même couleur, précise-t-il, et le Syrah et le Pomerol offrent « des nuances extraordinaires ». Sa spécialité : faire le portrait de propriétaires de domaines tels Robert Mondavi, qui fut immortalisé à l'Opus One et Gérard Perse, au Château Pavie.

Les étiquettes en braille

Michael Chapoutier, de la Maison M. Chapoutier, établie depuis sept générations dans la vallée du Rhône et détentrice d'un quart des vignobles de l'Hermitage, imprime toutes ses étiquettes en braille depuis 1995. L'idée de les rendre lisibles aux non-voyants lui est venue après qu'il ait fait la connaissance de Ray Charles, mais aussi, et surtout, pour rendre hommage à Monier de la Sizeranne, propriétaire terrien ayant perdu la vue à la suite d'un accident de chasse, qui fit don des vignobles de l'Hermitage à la maison Chapoutier.

Les noms des vins de Randall Grahm

Grahm, le propriétaire des vins Bonny Doon de Californie, et fondateur des Rhone Rangers, une association bénévole ayant pour vocation de faire découvrir les cépages du Rhône… élevés en Amérique, est célèbre pour ses étiquettes en forme de calembour.

Grahm affirme que :

* Le vin devrait être aussi distrayant que l'y autorise les lois fédérales.
* C'est la vigne qui fait le bon vin.
* Il faut promouvoir les cépages les plus étranges, ésotériques et mal aimés du monde.

Ses catalogues présents et passés proposent :

Nom	*Cépage*
Big House Red	Syrah, Petite Syrah, Carignan, Grenache, Barbera, Malbec et quelques autres.
Big House Pink	Cariganno, Charbono, Zinfandel et divers autres.
Le Cigare Volant	Grenache, Sirah, Mourvèdre.
Le Cigare Blanc	Roussane à 97 %.
Old Telegram	Vieux Mourvèdre.
Cardinal Zin	Zinfandel (ce « Vieux rouquin increvable »)
Il Fiasco	Sangiovese.
Heart of Darkness	67 % Tannat, 33 % Cabernet Sauvignon

Le Cigare Volant doit son nom à un incident survenu en 1954, qui donna lieu à un arrêté municipal interdisant l'atterrissage de vaisseaux spatiaux dans les vignobles.

Sgt Pepper's Rhonely Hearts Club Band

En 2004, un parterre de 250 journalistes et négociants fut convié à la première d'un opéra rock signé *Randall Grahm*. Ce spectacle grand-guignolesque, mettant en scène des artistes de cirque et un jongleur nu, a valu au récoltant californien des retombées médiatiques qui ont largement compensé les 20 000 $ engagés dans l'opération.

Sous couvert de glorifier les vins du Rhône, avec, entre autres, le mémorable « Why Don't We Do It In The Rhône ? » (version satirique de *Why Don't We Do It In The Road ?* des Beatles), Grahm ne s'est pas privé d'égratigner tout à la fois les éreinteurs professionnels du *Wine Spectator* et le Chardonnay :

Esprits chagrins, tristes et moroses,
Qui glorifiez le donnaychar
Gardez pour vous votre cirrhose
Et laissez-nous notre nectar

Habile commerçant et producteur consciencieux, Grahm a vu régulièrement progresser ses ventes pour atteindre un volume de 400 000 bouteilles par an.

Le vin des célébrités

Les Hitler, Mussolini et autres personnages tristement célèbres ne sont pas les seuls à avoir été immortalisés (si l'on peut dire) par des viticulteurs.

Winston Churchill a reçu un hommage posthume de la maison Pol Roger qui a apposé une étiquette noire sur le champagne de prédilection du grand homme et l'a rebaptisé Cuvée Sir Winston Churchill.

Grapeful Dead

Bien que n'ayant jamais été amateur de vin, auquel il préférait d'autres stimulants, l'ex-chanteur-guitariste du groupe Grateful Dead, Jerry Garcia, a été mis à l'honneur par les vins du Clos du Bois (Sonoma County, Californie) en 2004. En un mois, il s'est vendu pas moins de 264 000 bouteilles dont les étiquettes représentaient chacune des 500 toiles abstraites peintes par Garcia au cours des dix dernières années de sa vie.

Elvis prend de la bouteille

Signature Wines of California a lancé une gamme de vins estampillés Graceland, incluant le Blue Suede Shoes Chardonnay, le King Cabernet Sauvignon et le Jailhouse Red Merlot. Scott Cahill, l'initiateur du projet, s'est dit « très fier » de la qualité des vins commercialisés sous ce label. « Nos collaborateurs ont mis autant de zèle à fabriquer ces vins qu'Elvis en mettait à faire de la musique. » Une remarque qui devrait séduire à la fois les amateurs de vin et les fans d'Elvis.

Marilyn Merlot

L'immense star qu'est Marilyn s'est vue honorée d'une autre façon. En 1985, le Marilyn Merlot – décrit par les critiques comme un « Merlot californien correct » – est apparu sur le marché. Chaque année, c'est une nouvelle cuvée qui voit le jour, avec une nouvelle étiquette représentant une Marilyn différente. En 2004, la bouteille se vendait 25 $ au détail. Lancé au milieu des années 1980, « ce vin léger et sans prétention est devenu entre-temps une cuvée de collection très recherchée », selon Nova Wines. Les royalties sont reversées à Anna Strasberg, directrice du Studio Lee Strasberg, qui a formé Marilyn à sa fameuse « méthode », et à la clinique pour enfants de la fondation Anna Freud. Nova Wines a également commercialisé un Merlot plus jeune sous le nom de Norma Jean, dont l'étiquette représente une Marilyn débutante qui n'était pas encore la sensuelle blonde platine que nous connaissons tous.

Le vin et le sexe

Le vin et le sexe sont intimement liés depuis toujours – ainsi que l'atteste l'histoire de Noé qui se découvrit après avoir bu trop de vin nouveau (Genèse 9/20 – 7).

Il était défendu aux femmes de Sparte de boire de vin. Mais cet interdit ne s'appliquait pas à Athènes où, selon Aristophane, une femme du nom de Cléo avait coutume de boire avec des hommes jusqu'à ce que ces derniers roulent sous la table.

À Vienne, au XIIIe siècle, la prostitution avait pris une telle ampleur que les autorités décidèrent de fermer les caves à vin. En pure perte. Malgré les ordonnances qui ne cessaient de pleuvoir, débits de boisson et prostituées continuèrent de prospérer. En 1572, il fut interdit aux femmes de travailler à la fois comme prostituées et comme serveuses. En 1741, le commerce du vin et de la chair étaient si intimement liés dans les *batzenhausen* qu'il fallut dissoudre la Maréchaussée.

Cleavage Creek et nymphette nue

Plus récemment, un producteur californien a lancé un « vin de table » sous le nom de Cleavage Creek, décolleté plongeant. Cette appellation se justifie par le fait que le vin est produit sur « les plus beaux mamelons de Californie », explique le récoltant qui affirme qu'il devrait « combler notre palais ». Aucune note de dégustation

n'est disponible, mais on sait que 10 % des bénéfices sont reversés chaque année au profit de la recherche pour le cancer du sein.

Un vin de bien meilleure tenue a failli ne jamais franchir les frontières des États-Unis après que le Bureau central des alcools, tabacs et armes à feu (AFT) ait frappé d'interdit la nymphette nue de Balthus (Balthazar Klossowski de Rola) figurant sur l'étiquette de ce Mouton Rothschild 1993. Il fallut « gommer » l'image licencieuse pour commercialiser la bouteille. Bien que ne satisfaisant pas aux exigences esthétiques de la maison Rothschild (voir page 49), l'étiquette censurée n'en demeure pas moins très recherchée des collectionneurs.

Femmes nues et squelettes

En 1975, l'ATF a également banni une étiquette conçue par le peintre américain David Lance Goines pour les vins Kenwood. Le sujet en était une femme nue nonchalamment étendue sur un coteau de vignes. Elle fut immédiatement déclarée « obscène et indécente ». Goine revit sa copie, présentant cette fois, non plus la femme, mais son squelette. Là encore, la censure frappa, et Kenwood dut se résoudre à ne montrer que les coteaux verdoyants sans le sujet. Vingt-deux ans plus tard, l'étiquette fut à nouveau soumise à l'approbation du Bureau. Cette fois, elle obtint son accord, quoi que de justesse, la

Commission de l'Ohio ayant estimé que l'objet était de nature offensante. Plus de 36 000 bouteilles se sont vendues presque du jour au lendemain.

Un soupçon d'imagination

Dans le même ordre d'idées, quoi que dans un registre légèrement différent, Michael Broadbent raconte dans *Vintage Wines : Fifty Years of tasting Three Centuries of Wine*, une scène dont il fut témoin lors d'une dégustation d'un Château Lafite 1898.

Après avoir ouvert puis laissé décanter le vin, André Tchelistcheff – doyen des viticulteurs de la vallée de Napa – prit une gorgée, puis marmonna pour lui-même, alors que le volume du micro était monté à fond : « Déguster un vieux vin, c'est comme faire l'amour à une vieille femme. » Un silence de mort tomba sur l'assistance. Tchelistcheff fit une pause. « C'est possible. » Autre pause. « Et cela peut même être agréable. » Une autre gorgée, encore une autre pause, puis : « Mais il faut un soupçon d'imagination. »

Les joies du vin

Un sondage effectué en 2004 par *Wine Magazine* révèle que le vin arrive en tête des plaisirs incontournables, avant le sexe.

Le vin : 35 %
Le sexe : 29 %
Le café : 15 %
La télévision : 11 %
Le chocolat : 5 %
Le shopping : 3 %
Le golf : 2 %

Une autre étude, réalisée cette fois par les chercheurs de 'Université de Glasgow, révèle que les chances de trouver un artenaire sexuel sont plus grandes après avoir consommé deux erres de vin – l'alcool ayant la propriété d'augmenter le pouvoir l'attraction d'une personne du sexe opposé.

Le marché gay

Récoltants et négociants sont nombreux à se lancer à la conquête lu marché gay. Les vins Rainbow Ridge du Nevada ont apposé ine grappe couleur arc-en-ciel sur l'étiquette de leur Alicante Bouschet 2001, 90 points sur l'échelle de dégus-ation de Parker.

Aux États-Unis, 60 % des communautés gay et lesbienne consomment régulièrement des vins le qualité supérieure, un marché qui pourrait ripler avec une campagne de marketing étudiée, omme celle de la vodka Absolut qui a fait appel i des artistes homosexuels.

En Nouvelle-Zélande, Kim et Erica Crawford ont ouvertement ciblé le public gay, qui représente in marché de 50 millions de dollars par an. Leur osé, issu de merlot, cabernet franc et d'une faible proportion de chardonnay « late harvest », est un vin « frais, fun et branché ». Lancé à Auckland en 2002, il s'est imposé à Sydney en 2004 et se vend également très bien aux États-Unis.

Un pétillant nommé Sex

Le Californien Larry Mawby produit un vin pétillant appelé Sex, ni plus ni moins. Sa surprise fut telle, dit-il, en apprenant que son label avait été approuvé par l'ATF, qu'il manqua « renverser son café ». Depuis sa sortie sur le marché, le Sex a reçu les éloges de palais très exercés. À l'issue de la dégustation des vins du Michigan de 2004, Jancis Robinson écrivit qu'elle avait été « très impressionnée par ce Sex », à l'acidité parfaite, comparée aux autres mousseux en compétition. Ce rosé pétillant sec, d'un bon rapport qualité-prix, fait partie de la même gamme que Fizz (un demi-sec) et US (un brut). Tous trois sont élaborés à partir de cépages californiens, principalement du pinot noir, selon la méthode Charmat dans une cuve close à haute pression permettant d'obtenir la formation de bulles à l'intérieur du fût plutôt que dans la bouteille.

De la tostée au toast

Le vin est, depuis toujours, associé aux plaisirs des sens. Si le vocable « toast » en anglais (au sens de la dame à la santé de laquelle on boit) n'est attesté pour la première fois qu'au XVIe siècle, dès l'antiquité, les Égyptiens ornaient leurs coupes à boire de beautés dévêtues, tandis que les Grecs et les Romains organisaient des libations pour honorer le sexe opposé – ou le leur.

Lorsque Falstaff, dans *Les Joyeuses commères de Windsor* demande à ce « qu'on mette un toast dans son sherry », il entend par là une tostée, une tranche de pain rôtie, et non une beauté lascive. Le pain grillé avait la propriété de réduire l'acidité du vin et d'en rehausser le goût, une pratique déjà courante dans l'antiquité.

Vers la fin du XVIIe siècle, le mot « toast » est devenu synonyme de compliment adressé à l'un des membres, amis ou notables, d'une assemblée de buveurs. Selon l'*Oxford English Dictionnary*, « porter un toast » consistait à l'origine à trinquer à la santé d'une dame dont le nom était censé « parfumer le vin comme une tranche de pain grillé épicée ». Ces célébrations étaient menées par un maître de cérémonie dont le verre avait la particularité d'être plus épais – pour donner l'impression d'être plein – et de moindre contenance que celui des autres convives.

Ce dernier devait veiller à ce que chacun des convives présents soit honoré, oublier l'un d'eux eût été un terrible affront. Après quoi, on trinquait aux amis absents et aux beautés célèbres.

Champagne et menus petons

Hugh Johnson rapporte une anecdote glanée dans le *Connoisseur* de juin 1754. Lors d'une partie fine « l'un des bouillants gaillards qui se trouvaient là, ôta le soulier d'une célèbre fille de joie, et, dans un excès de galanterie, le remplit de champagne pour boire à sa santé ». Durant cette même soirée – de toute évidence joyeuse – le soulier de la dame fut mitonné pour être mangé par les convives. Le cuisinier, un dénommé Tom Pierce, baptisa le mets « Soulier à la Murphy » par analogie à la maîtresse de Louis XIV.

Le célèbre chausseur parisien Olga Beruti recommande le champagne Veuve Clicquot La Grande Dame – compter 100 euros la bouteille – pour décrotter les bottes. L'alcool étant, paraît-il, préférable à l'eau pour donner du lustre au cuir.

Au XIXe siècle, afin de limiter les effets néfastes du toast – dont le but avoué était d'encourager l'ivrognerie –, on instaura la pratique beaucoup plus louable de trinquer à la patrie.

Toasts choisis

Toast anglais du Moyen Âge :
« Que votre amour, comme le bon vin, prenne de la force en prenant de l'âge. »

TOAST DE GROUCHO MARX :
« Je bois à votre charme, votre beauté, votre esprit – c'est dire si j'ai la pépie. »

TOAST ALLEMAND :
« Wasser ist billig, rein un gut ; Doch verdunt es unser Blut. »
« L'eau est bon marché, pure et saine, mais elle appauvrit le sang. »

ANONYME
« Lorsque vous vous agrippez à la rampe de la vie, veillez à ce que les échardes pointent dans le bon sens. »

TOAST DE LORD BYRON
« Célébrons le vin et les femmes, la joie et les rires
Et gardons pour demain l'eau de seltz et les sermons. »

Alors qu'on lui demandait de porter un toast, ô, scandale, au « sexe », George Bernard Shaw se leva et dit simplement :
« C'est un immense plaisir. »

TOAST DU MOYEN ÂGE :
Gaudeamus igitur
Iuvenes dum sumus.
Post iucundam juventutes
Post molestam senectutem
Nos habebit humus.
Réjouissons-nous
Tant que nous sommes jeunes.
Après la joie de la jeunesse
Viendra l'ennui du grand âge
Puis le retour à la poussière.

Bien que le retour à la poussière n'épargne aucun de nous, il semblerait que la consommation régulière et modérée de vin ait pour effet de retarder la venue de notre dernier jour.

La santé dans un verre (ou deux)

J'ai joui d'une santé excellente et atteint un grand âge parce qu'aussi loin qu'il m'en souvienne j'ai bu chaque jour une bouteille de vin, sauf lorsque j'étais malade. Ces jours là j'en buvais deux.
Attribué à un évêque de Séville

Le secrétaire d'État américain William M. Evarts (1818-1901) aurait certainement partagé cet avis. Un jour qu'une dame s'inquiétait des répercussions néfastes que la consommation d'une grande variété de cuvées « différentes » pouvaient avoir sur sa santé, il répondit : « C'est tout le contraire, chère madame, ce sont les vins " indifférenciés " qui sont nuisibles. »

R'mettez m'en un, s'iou plaît

Il est scientifiquement prouvé que consommer deux verres de vin par jour est bon pour la santé. En fluidifiant le sang, le vin a un effet bénéfique pour le cœur. Libérés par la vinification, les polyphénols contenus dans la peau du raisin agissent comme des antioxydants capables de prévenir la formation du cholestérol, et donc de limiter les risques de maladies cardiovasculaires, première cause de mortalité dans les pays développés. En outre, ils piégent les radicaux libres et ralentissent le développement du cancer. Cette découverte du chercheur français Serge Renaud a dopé les ventes de vin rouge dans les années 1990, en particulier aux États-Unis.

Le « French paradox » semble ainsi avoir été résolu. Comment se fait-il que les Français, qui consomment des graisses saturées en grandes quantités, vivent plus vieux et soient en meilleure santé que les autres peuples ?

L'ELIXIR DE LONGUE VIE ?

À la suite de Renaud, plusieurs scientifiques se sont lancés dans l'étude d'aliments et boissons divers. En 2003, un groupe de chercheurs australiens est arrivé à la conclusion qu'une alimentation à base de poisson, vin, fruits et légumes, amandes, ail et chocolat noir pouvait augmenter l'espérance de vie des hommes de plus de six ans contre cinq ans seulement pour les femmes – à condition toutefois de limiter la consommation journalière à deux verres de vin (150 ml) et 100 g de chocolat.

Le vin et la bière consommés avec modération limitent les risques d'ulcère de l'estomac, de diabète, de cancer de la prostate, et peut-être même de rhume de cerveau. Le vin diminue également les risques de démence sénile. Mais tous ces effets bénéfiques ne sauraient être dissociés d'une consommation modérée. Au-delà d'un ou deux verres par jour (jusqu'à un maximum de 30 g d'alcool), tous les bienfaits disparaissent. L'excès d'alcool endommage le foie, le pancréas, les reins et les intestins. Les femmes ayant des antécédents familiaux de cancer du sein devraient s'abstenir totalement de boire de l'alcool en période de pré-ménopause. De même, la consommation d'alcool est vivement déconseillée durant les premiers mois de grossesse.

Rien de tout ceci n'aurait surpris les médecins grecs de l'antiquité, sauf peut-être le chocolat. Hippocrate et Galen les utilisaient déjà les propriétés anti-oxydantes du vin pour prévenir l'infection des plaies. Galen recommandait tout particulièrement un vin rouge doux de Crète appelé Theriaos. Les médecins égyptiens avaient eux aussi fréquemment recours au vin qu'ils employaient tantôt comme vermifuge, tantôt pour traiter l'asthme ou purger les intestins, mais préalablement additionné de gommes, résines, herbes et épices, additionnées de déjections animales et de fientes d'oiseaux.

Rouge ou blanc ?

Le vin rouge a depuis toujours la réputation d'être meilleur pour la santé que le blanc, et le fait est que le taux de polyphénols est plus élevé dans le premier que le second – le raisin entrant dans la fabrication du blanc étant débarrassé de sa peau après avoir été pressé. Toutefois, une étude américaine menée par l'Université de Buffalo, New York, tend à démontrer que les fonctions respiratoires seraient améliorées par le vin blanc, qui aurait peut-être même une incidence bénéfique sur les articulations. La raison à cela serait que les molécules actives contenues dans le vin blanc sont plus petites et donc plus facilement assimilables par le flux sanguin.

Néanmoins, une équipe de chercheurs londoniens estime que le resvératrol, un dérivé phénolique contenu dans la peau du raisin noir, diminuerait les risques d'emphysème et de bronchite – à condition toutefois d'utiliser un inhalateur pour en absorber des quantités suffisantes. Un domaine viticole de l'Oregon a obtenu l'autorisation de faire figurer sur ses bouteilles le taux de resvératrol contenu dans ses vins. Les étiquettes du Pinot noir, sélection 2002 du domaine Willamette Valley, proclament : « Le Pinot noir contient une défense naturelle contre la moisissure, fréquente sous nos climats humides et frais – le resvératrol. » Les vins de Willamette contiennent entre 19 et 71 molécules de resvératrol par litre. Dix étant considéré comme un taux élevé.

Le vin du penseur

Une étude effectuée auprès de 6 000 fonctionnaires britanniques laisse penser – sans toutefois en fournir la preuve – que plus la consommation de vin est élevée plus les fonctions intellectuelles sont stimulées. Ainsi, les sujets buvant cinq bouteilles par semaine obtiendraient les meilleurs résultats aux tests portant sur l'intelligence, la mémoire, le vocabulaire et l'aisance orale. L'effet semble s'en faire ressentir davantage chez les sujets féminins.

Des vins plus sains

Un vin français baptisé Paradoxe blanc a été artificiellement enrichi en Anti-oxydants – la clé d'un cœur en bonne santé. En modifiant le processus de vinification du vin blanc, en broyant la peau du raisin et en augmentant le temps de macération, on obtient un taux de polyphénols et de bioflavonoïdes très supérieur à la moyenne.

Il semblerait que l'altitude à laquelle pousse la vigne joue un rôle essentiel. Les rayons UV ayant le pouvoir de stimuler la synthèse des polyphénols, un rayonnement élevé donnerait un vin plus sain. Une étude menée en Sardaigne est arrivée aux mêmes conclusions, en faisant valoir le nombre particulièrement élevé de centenaires dans la région de Nuoro.

Glaces au vin

Un viticulteur sud-africain s'est associé avec le fabricant de glaces Sinnfull, pour créer une ligne de crèmes glacées estampillée

« thérapie du vin ». Les extraits de raisin utilisés pour parfumer la glace auraient des effets salutaires qui ont poussé Tony KcKeever, l'œnologue de la firme, à affirmer : « De nos jours, il est possible de déguster de la glace et de rajeunir. » La ligne propose, entre autres, un Pinotage-mûre et un Pinotage-cerise 2004. Riche en antioxydants, le pépin du Pinotage (croisement de Pinot noir et de Cinsault) est un stimulant immunitaire plus puissant que la vitamine C.

Le vin en comprimés

Pour ceux qui n'aiment pas le vin, il est désormais possible de bénéficier de ses effets bénéfiques sans avoir à en boire. Aux États-Unis, Resveratrol Partners a mis au point une pilule, commercialisée sous le nom de Longevinex, qui contient des molécules de vin rouge. Une firme française a fait de même en proposant un extrait de tanin riche en polyphénols. De son côté, la chaîne pharmaceutique anglaise Boots, qui avait mis en vente un produit similaire, l'a ensuite promptement retiré de la vente. Le bon sens des amateurs de vin semble, une fois de plus, l'avoir emporté.

Le casse-tête de la gueule de bois

C'est la déshydratation qui est à l'origine de la gueule de bois. Si vous buvez de l'eau en même temps que du vin, vous améliorez vos chances de ne pas ressentir les effets de l'alcool le lendemain.

Quant aux maux de tête liés à la boisson, ils sont dus à une intolérance aux composants naturels du vin. Les flavonoïdes phénoliques, présents en plus grande quantité dans le vin rouge, et les tanins ont la propriété de provoquer des migraines chez certains. Tous les produits fermentés – y compris le vin – contiennent des histamines et des tyramines agissant tantôt comme vasodilatateurs tantôt comme vasoconstricteurs. Le vin rouge pauvre en acidité est le principal responsable de la gueule de bois.

La mort par le vin

On raconte que George Plantagenêt, duc de Clarence (1449-1478), emprisonné à la Tour de Londres, choisit la mort par noyade dans un tonneau de vin. L'histoire est peut-être véridique. Le chroniqueur Dominic Mancini fut le premier à la relater dans *L'Usurpation de Richard III*, cinq ans après la mort de Clarence. Il fait mention d'un tonneau de « vin doux ». Certains œnologues pensent qu'il s'agissait de Malvoisie, un vin crétois. On raconte que le propre frère du duc, Richard de Gloucester (plus tard Richard III), serait à l'origine de cette mise à mort. Mais il est plus probable que ce ne soit qu'une rumeur, colportée comme tant d'autres par Shakespeare.

La mort par le vin, version italienne

Quelques siècles plus tard, en 1985, un producteur récoltant désireux de réaliser rapidement des profits concocta un Barbera avec des fonds de tonneaux additionnés de méthanol, provoquant la mort de 20 ou 23 personnes, selon les sources. Étrangement, ce tragique incident n'eut pour ainsi dire pas de répercussions sur la réputation des vins italiens, si ce n'est celle du Barbera qui s'en trouva quelque peu ternie.

Mort et résurrection (par antigel)

Nettement plus dévastateur pour l'industrie du vin autrichien, fut le scandale survenu au cours de ces mêmes années (voir page 41). Pour atteindre la dose létale, il aurait fallu consommer 28 bouteilles par jour pendant deux semaines de vin adultéré à l'antigel. La découverte du délit eut cependant pour conséquence une chute de 80 % des ventes des vins autrichiens. Mais ce revers eut un dénouement aussi heureux qu'inattendu. Sans doute animés par une farouche volonté de redorer leur blason, les viticulteurs autrichiens produisent de nos jours quelques-uns parmi les meilleurs vins du monde. En 2003, les Grüner Veltliner et les Chardonnay sont arrivés en tête du palmarès des vins du Grand jury de Vienne. Les vins d'Autriche ont détrôné certains grands crus de Bourgogne et de Californie. Le meilleur de tous est un Knoll Grüner Veltliner Smaragd 1990, qui a fait dire à Tim Atkin, membre du jury, que « l'Autriche est l'un des trois plus grands producteurs de vins blancs au monde avec l'Allemagne et la France ».

Mortelles cuvées

Surtout connu pour ses crimes de sang, Hannibal Lector, le « Cannibale » de Thomas Harris, ne dédaignait pas le bon vin. Dans *Le Silence des agneaux*, on le voit se repaître du foie d'un agent du recensement un peu trop hardi, accompagné de « fèves et d'un bon Chianti ». Dans *Hannibal,* la suite, c'est la fascination de Lector pour les grands Bourgognes blancs et les meilleurs Sauternes qui permet à l'agent du FBI Clarice Starling de retrouver sa trace. C'est un Château d'Yquem qui, pour finir, permettra au docteur Lector de capturer Clarice et les fera tous deux succomber lorsque la belle versera du Château d'Yquem sur son sein pour l'offrir à la bouche avide du criminel. On ignore si le comte de Lur-Saluces – dont la famille dirige le Château d'Yquem depuis des années – a accueilli favorablement cette façon de déguster son vin, mais on sait que cette pratique était jadis prisée des courtisanes parisiennes. Et cela n'a pas empêché le site Internet du fabricant autrichien de verres Riedel de consacrer une page à Lector. Sans donner de précisions sur le verre utilisé dans le film *Hannibal*, il penche pour un verre en cristal référence 400/55.

Cuvée mortelle 2

Moins bien connues du grand public, les énigmes policières publiées à compte d'auteur de Tony Aspler, *Les Caves du Ducce* et *Un doigt de porto* racontent les aventures d'Ezra Brant, un œnologue-écrivain. Dans la même veine, Sunny McCloskey, l'héroïne de Nadia Gordon, mène l'enquête à Napa Valley pour tenter de déjouer un sombre complot politico-financier. C'est dans le mêm secteur que Laura Reese situe l'action de son roman sado-mas *Panic Snap*. Âmes sensibles s'abstenir.

Yquem encore et toujours

D'une tout autre tenue littéraire, le roman de Fedor Dostoïevsk *Les Damnés* raconte l'histoire d'un garçon de 19 ans qui se suicide après avoir dilapidé au jeu les 400 roubles que ses parent ruinés lui ont confiés. Après une journée de beuverie en compagnie de tziganes, il regagne son hôtel et commande une côtelette, un Château d'Yquem et du raisin. La moitié de la bouteill descendue, il se tire une balle dans le cœur au moyen « d'un petit revolver à trois coups ». Lorsqu'ils retrouvent le cadavre, les hôteliers finissent le vin. Peu élégant, certes, mais néanmoins compréhensible.

La vie après la mort

Le vin accompagnait fréquemment les pharaons dans l'au-delà. Les résidus de vin retrouvés dans la tombe de Toutankhamon laissent supposer qu'il fut enterré avec une importante quantité d'amphores de vin rouge sur lesquelles figuraient le nom du producteur, Khaa, et l'année de production 5. Le vin, qui servait à purifier le corps avant la momification, était du vin de palme.

Le crâne de Lord Byron

Il est bien connu que les poètes Byron et Keats étaient obsédés par la mort et la postérité.

George Gordon, sixième Lord Byron, n'avait de cesse d'apporter à son entourage la preuve de sa folie et de sa vilenie. Bien que grand amateur de « spritzer » – un mélange de vin blanc et d'eau de seltz –, il était l'image même de la débauche et de la décadence, ainsi que l'atteste l'histoire, quelque peu embellie, de sa coupe favorite. « Le jardinier avait déterré par hasard un crâne ayant probablement appartenu à un quelque joyeux moine de l'abbaye de Newstead [le domaine des Byron] entre-temps désacralisée. Frappé par sa taille imposante et son parfait état de conservation, je fus pris de l'étrange envie de le transformer en coupe à boire. De sorte que je le mandai en ville d'où il me revint parfaitement astiqué et de la couleur mouchetée de l'écaille de tortue. » Il en coûta 17 livres et 17 shillings à Lord Byron qui écrivit plus tard :

Oui, ce crâne est habité ! Mais n'ayez crainte ;
Il en jaillit des substances qui
Contrairement aux pensées vivantes,
Ne sont jamais assommantes.

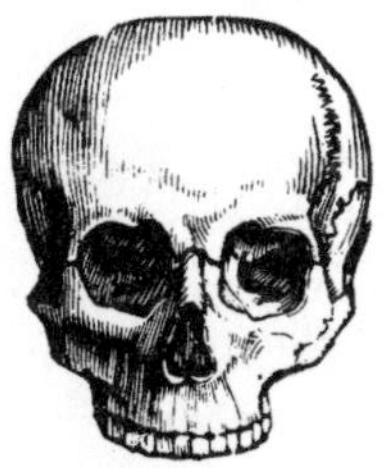

John Keats

Dans *Ode au rossignol*, Keats déclare : « O, qui me donnera une gorgée de vin – Longtemps refroidi dans la terre profonde. » Le plaisir du poète est « une coupe rougissante, gorgée de soleil méditerranéen, et pleine d'authentique Hippocrène tout frémissant de bulles ». En fait, dans la mythologie grecque, Hippocrène était le nom d'une fontaine d'eau gazeuse que Pégase avait fait sourdre en frappant la terre de son sabot – rien de très enivrant, à vrai dire –, mais il eut été dommage de laisser perdre un nom aussi poétique. Hippocrène est également le nom d'un rouge pétillant australien, issu de sirah additionné d'une touche de Cabernet Sauvignon et de Malbec. En 1999, il fut classé comme l'un des dix meilleurs vins de sa catégorie par la revue *Wine*.

Keats avait, dit-on, la manie de s'enduire la langue de piment de Cayenne pour «–apprécier pleinement l'exquise fraîcheur du vin de Bordeaux–». Quelle soit vraie ou fausse, cette rumeur répandue par son rival, le poète Benjamin Robert Haydon nous amène à la conclusion que la température ambiante d'une demeure de l'époque romantique devait sensiblement différer de celle d'une maison du XXIe siècle. Au XVIIIe siècle, on aimait boire son vin frais – sans doute pour masquer l'arrière-goût suret laissé par des barriques d'une propreté douteuse. À ce propos, il convient de dire que certains vins rouges sont meilleurs servis frais – le Cabernet franc de la vallée de la Loire, notamment.

Vins des célébrités

Mais qu'en est-il des célébrités actuelles ?

Quand on commence à prendre de la bouteille, posséder une bonne cave est à la fois un signe extérieur de richesse et une marque de bon goût. Certaines personnalités vieillissantes du show-business, du sport ou du cinéma poussent ce penchant jusqu'à se lancer dans l'aventure viticole. Ainsi le chanteur Sting, qui détient 180 hectares de vigne en Toscane, produit 250 000 bouteilles par an d'un excellent Chianti destiné à la vente, et garde le reste pour sa consommation personnelle. Mais il n'est pas le seul, et d'autres stars lassées de faire la Une des tabloïds ont tenté comme lui de se faire un nom dans la viticulture.

Célébrité et lieu de production	*Appellation*	*Commentaires*
Greg Norman (golfeur) - Australie	Greg Norman Estates Reserve Shiraz 1998	« Un palais puissant et intense, fortement tannique mais pas trop, une touche de myrtille. Une longueur en bouche remarquable. » Greg Norman. 94 points Parker
Francis Ford Coppola (cinéaste) - Californie	Niebauum-Coppola Estate Winery	« Le domaine américain par excellence. » Site Internet Niebaum-Coppola. Mais il rafle tout de même plus de 90 points Parker.
Gérard Depardieu (acteur) - Anjou et Bordeaux	Château de Tigné	94 points Parker
Sam Neill (acteur) – Otago (Nouvelle-Zélande)	Two Paddocks	« Parfaitement buvable » Sam Neill… et Jancis Robinson a l'air d'accord.
Cliff Richard (chanteur) - Algarve (Portugal)	La Vida Nuova	Joanna Simon du Sunday Times écrit : « Si Sir Cliff Richard se réincarnait en vin, ce serait très certainement un Mateus Rosé – le teint frais mais sans relief, doux et légèrement écœurant. » Le Vida Nuova a pulvérisé les records de vente du site Tesco.com – allant même jusqu'à devancer le DVD du Seigneur des anneaux.
Olivia Newton-John (chanteuse et actrice) - Australie	Koala Blue	« Une bouteille de Koala Blue ajoutera une touche de classe à un dîner sans chichi », a écrit la presse. Après avoir échoué dans le prêt-à-porter, Olivia s'est lancée dans le commerce du vin, de l'eau et du chocolat. Fréquemment tourné en dérision par Les Simpson, le Koala Blue a du coup indirectement bénéficié d'une formidable publicité. Forte de ce succès, la chanteuse a lancé une série limitée sous l'étiquette « Olivia », en 2004.

Joe Montana (joueur de football américain) - Napa Valley, Californie	Beringer Vineyards Montagia	Douze bouteilles de 75 cl et une de 9 l se sont vendues 210 000 dollars aux enchères de Napa Valley.
Mario Andretti (coureur automobile) - Napa Valley, Californie	Andretti Winery Cabernet Sauvignon	« Riche, délicieux et sensuel… remarquable. » 92 points Parker
Club Atletico Boca Juniors (équipe de foot) - Argentine	Boca Premium	« Un Cabernet Sauvignon gouleyant à 4 dollars la bouteille. » Boca Juniors.

Francis Ford Coppola, cinéaste et vigneron

Coppola affirme que faire du cinéma et faire du vin sont deux activités similaires – et à en juger par le nombre d'acteurs qui se sont lancés dans la viniculture on se dit qu'il n'a peut-être pas tort. « L'un et l'autre (cinéma et vin) requièrent beaucoup de matériel et de temps. La seule différence, c'est que les viticulteurs ont à cœur d'offrir au public un produit de qualité. »

Et le fait est que le cinéaste est très attaché à la qualité de son vin. Son épouse Eleanor et lui ont racheté le célèbre domaine Inglenook. À l'époque, il « cherchait une résidence d'été sympathique où il soit possible de faire un peu de vin, comme du temps de ses grands-parents ». Mais depuis 1975, il a lourdement investi dans la restauration du Château Inglenook de ses caves, et ses 80 hectares de vignobles certifiés bio.

C'est en grande partie grâce à l'argent que lui ont rapporté *Dracula* et le *Parrain III* qu'il a pu acheter le domaine. Pour Coppola, « tout se résume à la terre.

Si vous avez la terre, vous avez la vigne et si vous avez la vigne vous avez le vin ». Il s'est juré de « fabriquer l'un des meilleurs vins d'Amérique ». Et à en juger par le prix d'un Cabernet Sauvignon rouge – compter 140 dollars la bouteille – il semblerait qu'il ait atteint son but. Le bruit court qu'il aurait racheté les vignobles voisins au prix de 700 000 dollars l'hectare, un record en Amérique. Pour justifier ce prix, les vins de son domaine devraient se vendre à pas moins de 130 dollars la bouteille.

Skywalker

Coppola n'hésite pas à faire jouer ses relations de cinéaste. Ainsi il s'est associé à George Lucas, collaborateur pour *American Graffiti*, pour produire un Chardonnay vendu 30 dollars au détail sous l'appellation Viandante del Cielo (Skywalker en italien). Le raisin élevé par Lucas Skywalker est vinifié par Coppola. La première cuvée fut commercialisée en 2002, mais Coppola et Lucas sont partenaires depuis 1990.

Gérard Depardieu, vigneron

Profession vigneron proclame le passeport de Gérard Depardieu. L'acteur possède des domaines dans la vallée de la Loire (Château de Tigné), dans le Languedoc et le Bordelais et figure à ce titre au générique du documentaire de Jonathan Nossiter, *Mondovino*. Réalisé en 2004, le film raconte comment le magnat du vin, Robert Mondavi, s'est heurté à la fronde des producteurs locaux et du maire communiste quand il a tenté d'acquérir un domaine à Aniane, dans le Languedoc. Pour finir, on apprend que le domaine a été cédé à Depardieu et son richissime ami, Bernard Magrez, au prix de 45 000 euros l'hectare – un coût qui disqualifie d'entrée de jeu les petits récoltants des environs.

« Mondavi, Depardieu… c'est du pareil au même ! », tempête l'ancien maire dépité. Une remarque injuste si l'on considère que le Château de Tigné a été encensé par la critique, Robert Parker en tête. Depardieu attribue cette « révélation » à une bouteille de Château Rayas 1955, dégustée en 1968. Le bruit court qu'il serait l'heureux détenteur de l'une des plus belles collections à ce jour de Châteauneuf-du-Pape.

Le vin au cinéma

Contre toute attente, *Mondovino* fit un carton au box-office. Tout aussi surprenant, quoi que plus modeste, fut le succès de *Sideways*, nominé aux Oscars en 2004. Le film d'Alexander Payne raconte l'histoire de Miles, un instituteur divorcé, qui emmène son vieux copain Jack, un acteur sur la touche, faire la tournée des vignobles et des restaurants de Santa Ynez pour enterrer sa vie de garçon.

Le vin ici est une métaphore. Ainsi, lorsque Miles explique pourquoi il aime le Pinot noir, c'est un peu comme s'il se décrivait lui-même. « C'est un « raisin capricieux […] à la peau fine, qui requiert beaucoup de soins et d'attention. Ce n'est pas un battant comme le Cabernet, qui est capable de pousser et de survivre dans n'importe quelles conditions. Il n'est à son aise que dans des contrées bien délimitées et sous des cieux propices. Et seulement quand il est choyé par les viticulteurs. » Bref, tout le contraire du Pinot « élevé aux stéroïdes » tel qu'il est produit aux États-Unis de nos jours.

La sortie du film a fait grimper les ventes de Pinot à New York – alors que celles du Merlot ont chuté – tandis qu'un débat passionné faisait vibrer l'Amérique : Miles avait-il « un problème de boisson » ou n'était-ce qu'un buveur occasionnel ayant parfois la main un peu lourde ? La scène, où on le voit boire dans un crachoir, laisse toutefois penser qu'il est bien parti pour finir cirrhotique. L'acteur Paul Giamatti est personnellement d'avis que son personnage est un ivrogne invétéré.

Hugh Grant et le champagne

En 1989, Hugh Grant a tourné *Champagne Charlie*, un drame biographique consacré à l'homme qui fit découvrir le champagne à l'Amérique. En 1857, après avoir visité quatre fois les États-Unis, Charles-Camille Heidsieck commença à vendre son champagne outre-Atlantique au rythme de 300 000 bouteilles par an. Le film, qui a été décrit comme une bluette « plutôt rasoir » y compris par les fans de l'acteur, ne fut pas un succès. En revanche, la comédie musicale éponyme, signée George Leybourne, fit un malheur à Londres au tournant du siècle. Mais, malheureusement pour Heidsieck, elle faisait l'article du Moët et Chandon :

Champagne Charlie était mon nom
Le champagne mon péché mignon
Mais de nos jours il est d'bon ton
De boire du Moët et Chandon.

Moët et Chandon sur la ligne d'arrivée

À l'issue de la course de Formule 1, il est de tradition que les trois premiers lauréats s'aspergent – et la foule n'est pas de reste – de Moët et Chandon. Moët initia cette pratique en faisant don de champagne aux vainqueurs, dans les années 1930. C'est le coureur automobile Dan Gurney et son co-pilote A. J. Foyt qui eurent l'idée d'asperger la foule après leur victoire aux 24 Heures du Mans en 1967. Moët est resté le fournisseur officiel de 1972 à 2000, après quoi, Mumm a repris la main.

Mais toutes les courses ne sont pas arrosées au champagne. Ainsi, en 1994, lorsque Ayrton Senna trouva la mort au Grand Prix d'Italie, il n'y eut pas de célébration. De même, en 2004, Michael Schumacher, vainqueur du Grand Prix d'Europe, refusa d'arroser sa victoire, par égard pour Umberto Agnelli, PDG de Ferrari, décédé une semaine plus tôt.

Autre exception à la règle, le circuit d'Indianapolis aux États-Unis. Là, le vainqueur se voit remettre une bouteille de lait. La tradition fut instaurée en 1936 par Louis Meyer, triple vainqueur de l'épreuve d'endurance. Tous les goûts sont dans la nature…

Mais, malgré ces revers, le champagne a résisté et survécu à l'anathème. En 1997, à l'issue du Grand Prix français, Bernie Ecclestone champion de Formule 1, se vit contraint d'acheter lui-même le champagne après que les autorités françaises aient frappé d'interdit la publicité pour l'alcool.

Même ceux qui déplorent le gaspillage de bon champagne reconnaissent que ces pratiques exubérantes ont largement contribué à faire du champagne le vin de la fête par excellence.

Le repas le plus cher (par tête)

En dépit de sa réputation de boisson favorite des riches et des nantis, il arrive que le champagne soit relégué dans le rôle de simple figurant. Pour fêter une opération boursière particulièrement juteuse, six banquiers londoniens décidèrent de se taper la cloche chez Pétrus, à Londres. La liste des vins comprenait :

Château Pétrus 1945	11600 £
Château Pétrus 1946	9 400 £
Château Pétrus 1947	12 300 £
Château d'Yquem 1900	9 200 £
Château Montrachet 1982	1 400 £
Montant de l'addition :	**43 900 £ (soit 67 000 €)**

Ces messieurs descendirent également six coupes de champagne, deux bières et un paquet de cigarettes pour un total de 102 £. Le repas proprement dit, d'un montant de 360 £, leur fut offert par la maison. De retour au bureau, cinq des six compères apprirent qu'ils étaient virés de la Barclays Capital, et ce en dépit du fait qu'ils avaient payé leurs agapes de leur poche. En fait, la banque craignait pour son image et elle ne voulait pas que ses clients s'imaginent que ses employés faisaient bombance à leurs frais.

Morgan au *Mirabelle*

Dans sa récente autobiographie, *Inside Story*, Piers Morgan, l'ex-patron du *Daily Mirror*, se vante d'avoir déjeuné en compagnie Marco Pierre White au *Mirabelle*, restaurant célèbre pour sa carte des vins. Les deux hommes célébraient le prochain mariage de White et la fin des démêlés judiciaires de Morgan – poursuivi en diffamation par ses détracteurs. Lorsque Morgan s'enquit du prix du repas, White lui montra l'addition qui s'élevait à 260 £ pour la partie solide et 26 000 £ pour les vins. Entre autres gâteries figuraient un Château Mouton Rothschild 1945, un Château d'Yquem 1911 (11 000 £ la bouteille), et deux verres de cognac 1900.

Pour justifier le Château d'Yquem, White déclara : « Je vais bientôt me marier, et vous, sortir victorieux d'un éprouvant procès. » Il lui offrit la bouteille avec cette dédicace : 11 000 £ le coup – amitiés, Marco.

Yquem à la fête

Dans son livre *Food and Wine Adventures*, Jancis Robinson décrit une fête donnée au Château d'Yquem en 1986 par le collectionneur allemand Hardy Rodenstock. Parmi les raretés proposées aux 40 convives, se trouvait un Yquem de 1750, découvert par Rodenstock en Russie – probablement un vestige des caves privées du tsar à Leningrad. La bouteille en forme de gourde, d'un bleu indigo profond était entièrement décorée de fleurs, de grappes de raisin et de feuilles de vigne blanches peintes à la main. La datation du vin ne put se faire que grâce à l'analyse du verre. Jancis Robinson l'a décrit ainsi : « Une robe d'un rouge profond et sensuel, une texture crémeuse, presque onctueuse avec une très légère note métallique. » Bien que proche de l'altération, il avait conservé la saveur d'un vin naturellement doux de grande qualité.

Prix record

Depuis plus de vingt ans, se tient à Napa Valley la plus grande vente aux enchères de vin du monde. En 2004, les ventes ont atteint le chiffre record de 50 millions de dollars. La vente la plus fructueuse reste celle de 2000 qui a rapporté 9,5 millions de dollars aux bonnes œuvres. Cette année-là, un lot de dix millésimes verticaux Harlan Estate, de 1987 à 1996, a été adjugé pour 700 000 $ à B.A. « Red » Adam, un vieil habitué des encans originaire de Louisiane. Soit l'équivalent de 28 000 $ la bouteille. De telles sommes sont généralement atteintes lorsque les portefeuilles et l'amour propre des milliardaires de Silicone Valley entrent en concurrence. Les recettes de 2000 doivent beaucoup à la contribution d'un unique enchérisseur particulièrement généreux du nom de Chase Bailey. PDG retraité de Silicone Valley, il a enchéri pour plus de 1,7 million de dollars, notamment sur une impériale (6 l) de Screaming Eagle 1992 – un record mondial pour une seule bouteille.

En 2003, grâce à une enchère de 320 000 $, un couple de texans a pu se convertir instantanément à la viticulture. L'acquisition du lot N° 90 leur a permis de produire 36 000 bouteilles de leur propre Cabernet Sauvignon Napa Valley AOC. Le lot incluait, outre le raisin et tout l'outillage pour la vinification, une étude de marché. Cette année-là, les ventes ont permis de reverser un million de dollars aux bonnes œuvres.

Le vin et l'argent

Hors du contexte des ventes de charité, les prix du vin sont plus réalistes, même s'ils ne sont pas à proprement parler bon marché. Un lot de 600 bouteilles de Mouton Rothschild 1982 s'est vendu 420 500 $ chez Christie's, année exceptionnelle, il est vrai, pour le Bordeaux. Michael Broadbent lui a attribué cinq étoiles et a déclaré que c'est parce qu'il avait « prédit une excellente année 1982 » que Robert Parker est devenu célèbre.

Le vin le plus cher jamais vendu à la pièce est un Mouton Rothschild 1945, une autre année exceptionnelle, adjugée à près de 10 000 $ la bouteille. Un lot de douze bouteilles de Latour 1961 mis en vente par François Pinault, le propriétaire du château, a atteint 56 400 $ à une vente aux enchères de Los Angeles, en novembre 2004. Le plus vieux de ces grands vins, et néanmoins encore « étonnamment gouleyant » d'après Michael Broadbent, était un double magnum de Lafite Rothschild 1865, vendu par Christie's 48 000 $ en juillet 2001.

Un lot de sept bouteilles de Montrachet 1978, Domaine de la Romanée-Conti, s'est vendu 167 500 $ – soit un peu moins de 24 000 $ la bouteille – chez Christie's à New York en 2001. Le record du prix à la bouteille, la plus chère jamais vendue aux Etats-Unis, a été battu en octobre 2004 par un Yquem adjugé 71 675 $ par Zachy à Los Angeles.

Records du Nouveau Monde : l'effet « Grange »

De tous les vins du Nouveau Monde, le plus cher est le Penfolds Grange 1951, dont une bouteille fut adjugée 50 200 $ en juin 2004 à Lance Vater par un homme d'affaires australien désireux de compléter sa collection. Après avoir déboursé une telle somme, notre œnophile fut sans doute soulagé d'apprendre que le vin était en parfaite condition de conservation et avait été régulièrement re-bouché dans une clinique spécialisée (voir page 34). La cuvée 1954 était un vin expérimental issu de la collection de Max Schubert, le créateur de Grange. La dernière dégustation « verticale » de la cuvée complète depuis 1951 a eu lieu en 2003. Aujourd'hui, les réserves ne sont pas suffisantes pour continuer les dégustations.

En 2003, une impériale (6 l) de Grange fut achetée 71 040 $ par un amateur resté anonyme.

Un lot vertical complet de Penfolds Grange – 1951-1991 – s'est vendu 70 500 $ à la vente aux enchères inaugurale de Los Angeles organisée par Zachy, fin 2004. C'est à ce jour le vin australien le plus cher jamais vendu aux États-Unis. On raconte qu'il existe moins de 60 bouteilles de millésime 1952, année de sa première commercialisation. Il valait alors l'équivalent d'un dollar actuel. Cependant, la cote du Grange a chuté d'environ 35 % depuis les années 1990.

Une bouteille de Grenache Torbreck Les Amis 2002 de la vallée de Barossa s'est vendue 70 000 $ à la Naples Winter Wine Festival Charity Auction de 2004.

Le vin blanc le plus cher jamais vendu aux enchères est un Château d'Yquem 1847, acheté par Roman Coppola, le fils de Francis, aux encans de Los Angeles. Coppola a également acheté deux bouteilles du célèbre Cabernet Sauvignon 1941 d'Inglenook Winery. Il a expliqué qu'elles étaient destinées à figurer sur le catalogue des vins que son père – propriétaire du domaine – s'efforçait de reconstituer (voir page 78).

La bouteille la plus chère du monde

La première vente jamais réalisée par James Christie en 1766 rapporta 175 £. Elle concernait « un lot important de vin de Madère et de Bordeaux fort en goût ». Deux cents ans plus tard, le même Christie's adjugea une bouteille de Château Lafite 1787 pour 105 000 £. C'était une année particulièrement bonne – contrairement à 1788 et 1789, dont les récoltes médiocres eurent pour effet de déclencher les émeutes de la Révolution française. Les initiales « Th. J. » – celles de Thomas Jefferson, troisième président des États-Unis – gravées sur la bouteille, contribuèrent à rehausser son prestige et son prix. Grand amateur de vin, Jefferson se fournissait directement auprès de vignobles de Bourgogne et de Bordeaux. À cette époque, les initiales du client, ainsi que le nom du vin étaient gravés dans le verre – les étiquettes n'ayant pas encore été inventées.

Le Lafite 1787 fut acheté pour la Collection Forbes par le milliardaire du même nom. On raconte que, sous l'effet de la chaleur émise par les lampes de la vitrine d'exposition, le bouchon s'est desséché et qu'il est tombé à l'intérieur de la bouteille. De toute façon, il était imbuvable.

Une autre bouteille estampillée Jefferson était un Margaux 1787 – réputé être le vin le plus cher du monde bien que n'ayant jamais été vendu à quiconque. Mise en vente pour 500 000 $ par le négociant William Sokolin, elle tomba des mains d'un employé maladroit et se brisa. Les assurances versèrent 225 000 $ à Sokolin et au propriétaire de la bouteille.

L'effet Thomas Jefferson

Jefferson fut le propriétaire du vin blanc le plus cher de tous les temps : un Château d'Yquem 1787. Une grande année pour Yquem, quoi légèrement inférieure à 1784, millésime dont Jefferson possédait 250 bouteilles. Il acheta également du Château Margaux 1784 et 1787 au prix de « trois livres ». Le catalogue du Château d'Yquem comporte encore de nos jours une bouteille de 1787. Le comte Alexandre Lur-Saluces n'est cependant pas certain qu'elle ait appartenu à Jefferson. « Il y a encore de nos jours un certain nombre de bouteilles de ce millésime en circulation », dit-il.

C'est Jefferson qui se chargeait de passer les commandes de Sauternes pour « notre président, le général Washington ». Ayant commandé 360 bouteilles pour George Washington, et 120 autres pour lui-même, il raconta à Louis-

Amédée de Lur-Saluces, le premier propriétaire du Château que « le vin blanc de Sauternes… fut si bien accueilli par les Américains qui l'ont goûté qu'il devrait satisfaire le palais de mes compatriotes ». George Washington eut cette phrase célèbre « Je suis un homme simple, un verre de vin et un peu de viande de mouton constituent mon ordinaire, et ceux qui sauront s'en contenter seront toujours les bienvenus à ma table. »

Jefferson croyait aux vertus bienfaisantes du vin. À propos d'un impôt sur le vin, il dit : « Je crois que ce serait une grave erreur de taxer le vin comme s'il s'agissait d'un produit de luxe. Car cela reviendrait à taxer la bonne santé de nos concitoyens. » Tout le temps qu'il résida à la Maison-Blanche, il consacra 12 % de ses revenus annuels à l'achat de vin. Sur les 25 000 $ qu'il percevait chaque année (soit l'équivalent de 490 000 $ actuels), 3 000 $ (56 000 $ actuels) étaient consacrés à sa cave. Ses onze serviteurs devaient quant à eux se partager 2 700 $ de gages par an.

L'ESTIMATION LA PLUS ÉLEVÉE

En 1982, une caisse de douze bouteilles de Le Pin est partie dès la première offre pour 328 $. Aujourd'hui, elle en vaut 46 000. En 1973, la firme néo-zélandaise Montana acheta 1 200 hectares de terre dans la région de Cloudy Bay à raison de 1 100 $ l'hectare – qui se négocie aujourd'hui entre 60 000 et 120 000 $ selon l'implantation. Montana a adopté le nom de Cloudy Bay sans le déposer – ce qui lui aurait pourtant permis d'amortir plus vite son investissement. Son premier vin, produit en 1980, était un Marlborough Sauvignon Blanc dont le nez de foin coupé a fait sensation dans le monde entier.

Noms et appellations

C'est la couleur jaune pâle conférée par le limon aux eaux de la rivière Wairau qui inspira le nom de Cloudy Bay, à David Hohnen, son fondateur. Plus tard, il eut l'idée de mettre des nuages sur l'étiquette. Mais Cloudy Bay ne fut pas le premier nom choisi. D'abord, Hohnen avait eu l'idée de le baptiser Farewell Spit ou « crachat d'adieu », une coutume typique de la région. De même, à l'origine, on rajoutait du cépage Semillon dans les années de forte chaleur. Mais cette habitude s'est perdue et le producteur Kevin Judd soutient que c'est la fermentation en fût à 5 % qui confère au vin sa « dimension subliminale ».

L'échelle de dégustation de Parker

De nos jours, Robert Parker est probablement, pour le meilleur et pour le pire, le critique vinicole le plus influent de la planète, et sans « les points Parker » le Le Pin n'aurait peut-être pas réussi à asseoir aussi fermement sa réputation. C'est vers le milieu des années 1970 qu'il a commencé à se servir d'une échelle de cent points pour noter les vins.

Avant cela, on se servait de l'échelle de vingt points créée par l'Université de Californie de Davis, pour évaluer les qualités gustatives du vin, principalement dans les foires commerciales.

D'autres critiques, dans d'autres pays, utilisent d'autres systèmes d'évaluation. Ainsi, Michael Broadbent, selon la vieille tradition britannique, attribue des étoiles. Cinq étoiles étant la meilleure notation. Cependant, il reconnaît dans son ouvrage sur les grands crus, qu'il a attribué à deux vins au moins, un nombre d'étoiles supérieur : au Château Léoville de 1864 (sept étoiles) et au Château Lafite 1871 (six étoiles). Le célèbre guide italien des vins *Gambero Rosso* n'attribue quant à lui jamais plus de trois points. Ceux-ci ont la forme non pas d'étoiles mais de verres à pied. « Tre bicchieri » (trois verres) correspondent à un excellent vin.

Le système Parker, qui n'est pas sans rappeler le système de notation scolaire américain, va de 50 (imbuvable) à 100 points (idéal).

Vins orphelins

Jusqu'en 2003, la maison Fortnum & Mason de Londres offrait à ses meilleurs clients la possibilité d'entreposer leurs vins dans ses caves. Lorsque celles-ci furent fermées, elles renfermaient encore un grand nombre de bouteilles qui n'avaient jamais été réclamées, dont un Château Latour 1949. Ce vin, qui avait reçu cent points Parker, se trouvait là depuis les années 1970. Sa valeur estimée aujourd'hui est de 35 000 $.

L'effet Parker

Depuis les années 1970, seuls 127 vins ont obtenu la note maximum, et très précieuse, de 100 points Parker. Ce qui, dit-il représente « moins de 1 % des vins que j'ai dégustés ».

Cette note de dégustation a indirectement donné le jour à un juteux négoce. Ainsi, d'après un marchand de vins américain le « cadeau idéal » serait un assortiment de douze bouteilles ayant obtenu 100 points Parker, soit 10 000 $!

En 2004, une tournée de dégustation animée par Pierre Rovani, le collègue de Parker a rapporté 150 000 $ pour seulement cent participants forcément. L'événement – couplé avec des ventes aux enchères – a permis de reverser 300 000 $ aux bonnes œuvres. Parker a lui-même organisé une tournée semblable pour financer sa fondation, la Robert Parker Wine Advocate Scholarships de l'Institut culinaire d'Amérique.

Le prix par tête était de 2 000 $ pour vingt crus proposés par ordre d'ancienneté :

1975 La Mission Haut-Brion
1976 Penfolds Grange
1982 Château Pichon-Longueville Contesse de Lalande
1986 Château Mouton Rothschild
1990 Paul Jaboulet Aîné Hermitage La Chapelle
1991 Marcel Chapoutier Côte Rôtie La Mordorée
1992 Dalla Valle Vineyards Maya Cabernet Sauvignon
1996 Château Lafite Rothschild
1997 Screaming Eagle Cabernet Sauvignon,
Napa Valley
2000 Château Margaux
2000 Château Pavie Saint-Émilion
2001 Harlan Estate

Le porto était un Taylor Fladgate 1992

Critères d'attribution des points

Le système Parker attribue de 50 à 100 points selon les critères suivants :

Points Parker	*Caractéristiques*
50-59	vin de qualité inacceptable.
60-69	vin présentant des défauts évidents tels qu'acidité ou charge tannique excessives, insipidité ou notes gustatives douteuses.
70-79	vin de qualité moyenne, sans grande distinction, mais néanmoins buvable. Un vin sans surprise et sans danger.

80-89	depuis un vin à peine au-dessus de la moyenne jusqu'à un vin de très bonne tenue présentant des qualités gustatives variées et du caractère sans défauts apparents.
95-95	vin à la complexité et au caractère exceptionnels. Excellent.
96-100	vin au bouquet extraordinairement riche et complexe, ayant tous les attributs classiques de son origine. Les vins de ce calibre méritent d'être recherchés, achetés et dégustés par des connaisseurs.

Les critiques argueront que ce système ne permet pas d'ôter des points à un vin exagérément trouble, par exemple, et qu'il est de ce fait moins précis que le système UC Davis. De même, il ne permet pas de faire de distinction entre plusieurs grands vins. Forte de cette constatation, la facétieuse Serena Sutcliffe a décidé d'attribuer 101 points au Billecart-Salemon, Cuvée Nicholas-François 1959 lors de la grande dégustation Millenium Champagne de Suède.

Parker mis à plat

Le critique John Dvorak a décidé de « prendre au contre-pied » le système Parker et voici les conclusions auxquelles il est arrivé :

Points Parker	*Caractéristiques*
100	n'existe pas. Théoriquement impossible à attribuer selon moi puisqu'il s'agit de la perfection absolue. Utilisé par Parker pour attirer l'attention sur lui et se payer la tête des producteurs.
95-99	grand vin à ne manquer sous aucun prétexte. Produit fabuleux qui ne peut pas passer inaperçu, même des nuls.

91-94	impossible de dire avec précision ce que valent ces vins, bien qu'il y ait des chances pour qu'ils soient excellents. La différence entre 91 et 94 ne tient pas tant au vin lui-même qu'à l'aplomb du dégustateur. Malheureusement, les dégustateurs comme James Suckling du Wine Spectator ont tendance à en rajouter dans le style « meilleur vin jamais produit par ce château », et à surévaluer le produit. Quoi qu'il en soit, ces vins sont recommandés. À cet égard, Parker est toujours plus fiable que les œnologues du Wine Spectator.
90	c'est la note vache par excellence. Elle signifie que le dégustateur n'ose pas aller au-delà – et peut-être à tort. Toujours est-il qu'il ne peut pas prendre le risque de descendre à 89. Cette note signifie en gros : goûtez vous-même et vous verrez bien.
86-89	le vin est buvable. Peut-être même est-il bon. Allez savoir.
81-85	là, il faut être vraiment assoiffé et en manque pour taper dans cette catégorie.
85	signifie généralement qu'il vaut mieux boire cul sec.
75-80	ne vaut même pas la peine de sortir le tire-bouchon !
75 et moins	courré-je le risque de me faire attaquer en diffamation si je dis franchement ce que j'en pense ?

Parker, Pavie et Phallus

Les cuvées de prédilection de Parker ne font pas toutes l'unanimité. Ainsi, sa notation du Château Pavie 2003 – 96-100 – fut jugée « ridicule » par Jancis Robinson. Une femme sommelier a pris le parti de désigner ces vins particulièrement denses et au degré d'alcool élevé, les « cuvées du phallus ». James Halliday, sans doute le plus éminent Master of Wine d'Australie, exprime lui aussi un certaine réserve à l'égard des préférences de Parker qu'il qualifie de « Battleship Galactica ». Il n'en demeure pas moins que le Pavie fut mis en vente par le célèbre marchand de vins londonien, Berry Bros & Rudd à 83 £ (147 $). La controverse ne fait jamais de mal ... même lorsqu'elle finit devant les tribunaux.

Les tribunaux

Le commerce du vin est par essence litigieux. On dépense chaque année des fortunes en argent et en énergie pour protéger une appellation.

En 2001, Moët et Chandon intenta un procès à Channon Wines, en Australie, pour « falsification ». L'affaire fit grand bruit, et les Français l'emportèrent – comme presque toujours –, mais les vrais gagnants furent les petits récoltants du Queensland. Ils rebaptisèrent leur maison Robert Channon Wines et leurs ventes explosèrent.

Que ce soit à titre individuel ou via le Comité interprofessionnel du vin de Champagne, il faut savoir que les producteurs du Champenois sont les champions de la procédure avocassière.

Les champagnes croisent le fer

En 2004, au terme d'une longue bataille juridique, la commune de Champagne, en Suisse, se vit contrainte de changer de nom pour continuer de vendre sa production de vin. Les 670 habitants du village, qui revendiquent la fabrication du vin depuis l'époque romaine, ont souligné qu'il ne pouvait y avoir de confusion possible. « Notre vin qu'il soit rouge ou blanc n'est pas pétillant et n'est pour ainsi dire commercialisé qu'en Suisse », a déclaré le maire. En outre, le volume de production annuelle d'un vin issu du cépage Chasselas local est de 280 000 bouteilles soit un

centième de celle du Champenois qui en produit 290 millions. En pure perte. Les Helvètes ont perdu la bataille.

Les Français ont eu moins de chance en revanche lorsqu'ils s'en sont pris à la ville de Garibaldi, en Amérique du Sud, qui revendiquait le titre de « capitale brésilienne du champagne ». Son site Internet invite les visiteurs à « boire une coupe de champagne ». Le site de l'ambassade du Brésil vante les vertus du « champagne guarana » sans alcool.

Mais ce n'est pas la seule menace qui pèse sur le Champenois. Début 2005, l'Organisation mondiale du commerce (WTO) a décrété que les pays non membres de l'Union européenne pouvaient employer l'appellation géographique de « champagne ». L'Union européenne, qui avait banni cet usage afin de protéger les producteurs du champenois, a annoncé qu'elle allait faire appel.

Morrison contre Morrison

Le musicien Van Morrison a intenté une action en justice contre la chaîne anglaise de supermarchés, Wim Morrison, pour avoir déposé l'appellation Vins Morrison. Le supermarché n'a pas désarmé, mais le vin a néanmoins disparu de ses rayons.

La firme Gallo Wines de Californie a obtenu d'une femme d'affaires, qui vend des coqs en céramique (gallo, en italien), qu'elle change ses noms de gallo verde, gallo rosso, gallo blu, en galletti. C'est parce que l'italien n'est pas une langue officielle aux États-Unis que Gallo Wines a obtenu gain de cause. L'appellation est utilisée depuis des siècles pour désigner les céramiques de la ville italienne de Deruta spécialisée dans la majolique.

Le Tokay

Une autre bataille juridique féroce fut livrée autour de l'appellation Tokay. Lors des négociations de son adhésion à l'Union européenne, la Hongrie obtint de la commission que les appellations Tokay d'Alsace – un vin léger, sec, élaboré à partir de Pinot gris – et Tocai Friulano un vin blanc aromatique issu d'un cépage Tocai, connu en France sous le nom de Sauvignon vert –soient interdites. Les Hongrois craignaient que leur illustre Tokaji, vin liquoreux exporté sous l'appellation Tokay, ne pâtisse de la concurrence. Ils ont néanmoins concédé à leurs voisins slovaques l'autorisation de garder l'appellation pour le vin issu des 570 hectares de terroir Tokay situés de l'autre côté de la frontière. Les Alsaciens utilisent désormais l'appellation Tokay-Pinot gris d'Alsace. Une alternative qui ne saurait s'appliquer au vin italien dans la mesure où le Tocai est un cépage. En 2006, la référence Tokay sera

purement et simplement interdite aux viticulteurs alsaciens. Les derniers recours en appel auprès de la Cour de justice de l'Union européenne ont été rejetés en 2004. Qu'adviendra-t-il ensuite ? Nul ne le sait. Mais, pour l'heure, la décision de la Cour européenne est contestée par les producteurs italiens.

Ce que recouvrent les appellations

Les Français ayant rejeté l'appellation Shiraz, différent de Syrah, pour désigner des vins produits en France, celle-ci fut invalidée d'entrée de jeu par l'Union européenne. La chaîne de supermarchés britannique Sainsbury en fut pour ses frais. Elle fut condamnée à retirer de la vente son Wild Pig Shiraz, un vin de Pays d'Oc, et à modifier ses étiquettes. Ce qui se traduisit par une perte sèche de 40 % de son chiffre d'affaires. Une erreur qui servit de leçon au Piat d'or.

Pourquoi Les Français n'adorent pas le Piat d'or

Le Piat d'or est un pur produit de marketing anglais. Lancé comme produit test en 1978, une campagne publicitaire l'a propulsé numéro un des ventes en 1984, et il est encore aujourd'hui l'un des plus vendus au Royaume-Uni. Il est vrai que, à l'époque, il n'avait d'autres concurrents que Paul Masson, Lutomer, Hirondelle et autres satins de l'estomac.

Le spot publicitaire s'ouvre sur une appétissante jeune Française en train de présenter son fiancé anglais à son papa irascible. Le paternel toise le prétendant jusqu'au moment où celui-ci lui offre deux bouteilles de Piat d'or. Le papa fond et la publicité s'achève sur un dîner de famille avec l'antienne : « Le Piat d'or, les Français l'adorent. » On raconte que le Piat d'or était un vin blanc coloré en rouge au moyen d'additifs. Une enquête récente suggère que ce genre de pratique pourrait s'avérer très efficace pour attirer des buveurs novices.

Les Français n'adorent pas le Piat d'or pour la bonne raison qu'ils n'ont jamais eu l'occasion de le goûter. Cela étant, il n'est pas dit qu'ils l'auraient plébiscité. Une enquête de *Which ?* réalisée en 2005, place Le Piat d'or tout en bas de l'échelle des vins les plus vendus au Royaume-Uni, juste devant le Banrock Station Merlot, le rouge le plus exécrable de tous. Il convient de souligner qu'une nouvelle campagne de publicité, lancée en 2001, proclamait qu'il s'agissait « d'un petit vin des plus corrects ». Une opinion que semblaient partager les habitants de Glasgow, selon un sondage réalisé en 2003.

Le Piat d'or se décline aujourd'hui en trois versions : un rouge et un blanc, issus d'un assemblage, comme le Piat d'or Merlot/Shiraz, appellation reprise depuis la nouvelle réglementation en vigueur au sein de l'Union européenne, et un autre issu d'un cépage unique. L'affiche publicitaire de 2004 présentait une bouteille débouchée accompagnée du slogan : « D'accord, il faut laisser respirer le vin, mais nous, on a soif. »

Cela étant, comparé à certains tord-boyaux vendus à travers le monde, le Piat d'or est un nectar.

Thunderbird

Le Thunderbird figure parmi les « vins » les plus décriés et néanmoins les plus consommés du monde. On notera que les guillemets sont intentionnels.

Comme l'a dit un critique : « Si vous aimez l'odeur de vos mains après avoir fait le plein d'essence, alors ne cherchez pas plus loin, le Thunderbird est pour vous. [...] Cette immonde mixture de matières chimiques d'origine inconnue... vous teindra les lèvres et la langue en noir... exactement comme si vous aviez sucé un boulet de charbon. »

Le Thunderbird est une création de E. J. Gallo. À la fin de la Prohibition, Ernest Gallo et ses frères décidèrent de s'emparer du marché du vin encore balbutiant aux États-Unis. L'ambition avouée d'Ernest était de devenir le « Campbell Soup de l'industrie viticole ».

À cette fin, il créa divers breuvages bon marché et fortement alcoolisés (20°) comme le Thunderbird et le porto blanc qu'il mit en vente dans les quartiers défavorisés. L'antienne radiophonique disait ceci :

C'est quoi déjà – Ce jaja ?
Thunderbird – L'zoziau de paradis.
Ça s'boit comment ? – Cul sec pardi !
Et ça coûte quoi ? – Des clous, mon gars.

Gallo n'a jamais réussi à se débarrasser de son image « bas de gamme » malgré ses efforts pour commercialiser des vins plus sophistiqués et des donations phénoménales aux partis tant démocrate que républicain. Ainsi le sénateur Bob Dole , qui vante les bienfaits du Viagra à la télévision, a reçu la somme de 200 000 $ pour avoir voté l'amendement sur l'allègement des droits de succession. Le plus cher désir de Gallo était de transmettre intact à ses petits-enfants son « empire vinicole », l'un des plus vastes du monde, et bâti sur le Thunderbird, ne l'oublions pas...

Vins de garage et garagistes

D'un extrême à l'autre dans la production viticole. Le terme *vins de garage* fut employé pour la première fois par Michael Bettane, consultant en vins français, pour désigner les vins de Bordeaux produits en toutes petites quantités – entre 12 et 40 hectolitres à l'hectare – à partir de raisins de première qualité issus de vignes vieilles. Des soins attentifs, une taille courte et une récolte par tris successifs permettent d'obtenir des fruits de la meilleure qualité, cueillis au sommet de leur maturité.

Le premier *garagiste*, nouveau venu dans la viticulture, fut probablement Jeau-Luc Thunevin, propriétaire du Château Valandraud. À l'origine employé de banque passionné de vin, il lança sa première cuvée en 1991.

Pour obtenir un vin de garage hyper concentré et coloré mais néanmoins peu tannique, il faut une fermentation lente, pas de filtration avant la mise en bouteille, une injection d'oxygène dans le moût pour stimuler la vinification et un élevage en barriques de chêne neuf à 100 %. Les Le Pin, Valandraud,

Mondotte, Marjollia et autres sont cotés très haut sur l'échelle de Parker ainsi qu'en témoignent leur prix élevé. Cependant, de nombreux critiques s'accordent pour dire que le prix des vins de garage est artificiellement gonflé pour attirer un public de gogos. Le Canadien Michael Palij va même plus loin en comparant Valandraud à Gallo : « Pour l'un comme pour l'autre la forme l'emporte sur le fond. Le concept d'histoire ou de *terroir* leur est totalement étranger. » Mais tout le monde n'est pas de cet avis.

Un autre membre de la Gallo connexion est Fred Franzia, le neveu de Gallo et créateur du fameux et infâme Two-Buck Chuck ou « piquette à deux balles ».

Two-Buck Chuck

Autre produit de la viticulture californienne de masse. Après son lancement sur le marché en 2002, il s'est vendu 96 millions de bouteilles de Two-Buck Chuck en l'espace de deux ans. Commercialisé sous le nom officiel de Cuvée Charles Shaw, il est produit par la Bronco Wine Company, une branche de la firme Franzia. Toujours est-il que son conditionnement en bouteilles, plutôt qu'en cubitainer ou en carafe, lui confère une touche de noblesse. La bouteille se vend entre 1,99 $ et 3,50 $ au détail. Les récoltants californiens plus soucieux de qualité sont à la fois fascinés et excédés par le succès commercial de cette piquette.

Il faut dire que la campagne publicitaire s'est employée à dénigrer les amateurs de vins fins. Mais il n'en demeure pas moins que, de l'avis général, le Two-Buck est « immonde ». « Un jus de canneberge rehaussé d'une pointe d'alcool à 86 degrés », en a dit un critique. Même si un autre estime qu'il constitue une révolution, car c'est un vin sec, contrairement aux vins en cubitainer qui sont presque tous moelleux en raison de l'adjonction de sucre.

Une rumeur court selon laquelle le vin aurait été racheté à vil prix à American Airlines après que les tire-bouchons aient été interdits dans les avions à la suite des attentats du 11 Septembre. Fred Franzia explique son succès par la production de masse. Dans les vignobles de Bronco, les tracteurs roulent sur plus de six kilomètres avant d'atteindre l'extrémité de la rangée et charrient quelque 3 000 tonnes de raisin chaque nuit.

Sur certains vins Bronco figure l'appellation Napa. Cependant, la loi stipule que seuls les vins élaborés à partir de raisins provenant de la région de Napa peuvent bénéficier de cette appellation. Bronco a fait appel de cette décision auprès de la Cour suprême.

Le boycott des vins français : 1er round

Il a fallu des années de batailles juridiques pour que les Américains acceptent de renoncer partiellement à utiliser des appellations européennes comme le Chablis. Tout comme les Australiens, les Américains considèrent les noms français comme une marque de qualité, un plus qui fait vendre. L'hostilité persistante et parfois latente à l'égard de « ces pleutres de macaques gavés de fromage » a donné lieu à plusieurs boycotts des vins français de la part des Américains qui n'ont pas attendu la guerre d'Irak pour prendre leur revanche sur les producteurs français.

Après que le général de Gaulle ait fait des remarques désobligeantes au sujet des États-Unis, les marchands de vins de New

York s'unirent pour donner une leçon au président français. Des bouteilles de vin français furent fracassées devant des caméras de télévision et des grands crus français furent bradés à des prix dérisoires. Le chanteur Charles Aznavour fut l'un des heureux bénéficiaires de ce boycott, qui lui permit d'acquérir plusieurs séries de grands crus classés à 99 cents la bouteille, soit environ un tiers de leur valeur réelle.

Le boycott des vins français : 2e round

Plus récemment, lorsque les Américains, excédés par l'attitude des Français vis-à-vis de la guerre d'Irak, décidèrent de boycotter les crus provenant de France, les négociants en vins ne perdirent pas le nord. En 2003, les restaurateurs de plusieurs États prononcèrent le boycott des vins français et les remplacèrent par des vins de Californie, d'Oregon ou d'Australie ; l'animateur Bill O'Reilly exhorta les téléspectateurs à bouder les produits français ; un député de Pennsylvanie alla jusqu'à demander l'interdiction du vin français sur tout le territoire américain. Enfin, le patron d'une supérette apposa un ruban avec la mention « ne pas franchir » devant le rayon des vins français de son magasin. Cependant, comme le fit remarquer un autre commerçant, le vin français étant déjà sur le marché, les victimes du boycott étaient les importateurs. Certains Américains sembleraient avoir pris systématiquement le contre-pied de telles mesures en « n'achetant que des vins et autres produits français, rien que pour faire enrager les républicains ».

Au restaurant de la chambre des députés et à bord *d'Air Force One*, les frites (french fries) et le pain perdu (french toast) furent rebaptisés « frites de la liberté » et « pain de la liberté ». Les ventes de vin pâtirent surtout du refus de Robert Parker de traverser l'Atlantique pour participer à la dégustation des « primeurs ».

Célébrations et Constitution

Outre leur aversion pour les Français les Américains ont toujours eu une attitude ambivalente à l'égard de l'alcool. Les pères de la Constitution étaient, à l'instar des premiers colons amateurs d'alcool. Lors de la célébration de la Constitution réunissant les 55 législateurs, on déboucha pas moins de 54 bouteilles de madère (la boisson de prédilection de l'époque), 60 bouteilles de Bordeaux, huit bouteilles de whisky, 22 bouteilles de porto, huit bouteilles de cidre bouché, douze bières, le tout complété par sept bols de punch. On raconte que les bols en question étaient suffisamment grands pour y faire barboter des canards.

Cela n'empêcha pas la persistance de campagnes anti-alcooliques qui culminèrent avec la Prohibition en 1920 – et ses excès. La consommation d'alcool par tête explosa littéralement durant les treize années où l'Amérique fut mise au régime sec.

La Prohibition, cette « noble expérience »

À partir de janvier 1920 et jusqu'en décembre 1933, la fabrication, la vente, l'importation et l'exportation de boissons alcoolisées fut interdite en Amérique. Si la Prohibition eut pour effet immédiat la fermeture de nombreuses « wineries », sur le long terme elle eut celui de faire décupler la consommation d'alcool. Les ventes du whisky écossais et irlandais importés clandestinement via la Jamaïque et le Canada explosèrent tandis que fleurissaient les speakeasies – clubs ou bars ou l'alcool était vendu illégalement. Vers le milieu des années 1920, le chef de la police de New York dut se rendre à l'évidence : le nombre de débits de boisson avait doublé depuis le début de la Prohibition. C'est à cette époque que es Américains prirent l'habitude de boire des cocktails – l'adonction d'arômes étant indispensable pour masquer le goût du ord-boyaux distillé clandestinement.

Briques de raisin : ne pas ajouter de levure

À la même période, la consommation de vin n'explosa pas dans es mêmes proportions que celle les alcools forts, à l'exception du vin de messe et des toniques (voir article suivant). La fabrication clandestine du vin étant plus problématique, pour compenser le manque à gagner, de nombreuses « wineries » se lancèrent dans la vente du « raisin de table » qu'il était ensuite possible de vinifier à la maison. Moins lucratif à la revente que le whisky, le vin n'intéressait guère les bootleggers. Et pourtant la demande était bien réelle. Un produit d'un genre nouveau appelé « brique à vin » fit son apparition durant cette période. Il s'agissait d'un bloc de raisin compressé et concentré vendu avec un paquet de levure. Les instructions étaient explicites : « Attention, l'ajout de levure provoque la fermentation. » Un avertissement auquel personne ne prenait garde, naturellement.

Veuillez emprunter la salle de bains SVP

Dans son *Miscellany of Whisky*, Charles McLean cite un article de Francis Redfern. Ce dernier raconte que, à l'époque de la Prohibition, les hôtels invitaient la clientèle à « passer dans la salle de bains pour ouvrir les fioles de médecines ». Un décapsuleur et un tire-bouchon accrochés à une chaîne scellée dans le mur étaient mis à la disposition des clients.

Redfern explique que les « patrons d'hôtel eurent recours à ce procédé pour éviter que les clients, impatients d'ouvrir [une bouteille] ne saccagent le mobilier ». Il raconte également qu'à bord du paquebot battant pavillon américain qui le ramenait en Angleterre, la vente d'alcool était rigoureusement interdite, mais qu'on aurait pu « remplir une piscine à ras bord… avec le champagne et autres spiritueux qui coulaient à flots ».

Vins thérapeutiques

Seule exception à la règle, la consommation de vin, vendu en pharmacie, était autorisée « pour raisons médicales ». Le laxisme était tel que la consommation de vins toniques ou « thérapeutiques » décupla et que les autorités exigèrent des pharmaciens qu'ils rajoutent un ingrédient agissant comme un vomitif au-delà des doses prescrites.

Vin de messe

Il était également légal de consommer du vin de culte durant la Prohibition. Entre 1919 et 1931, les prêtres catholiques devai-

ent solliciter une autorisation pour acheter du vin. La rumeur selon laquelle on aurait obligé les membres de la congrégation à prouver qu'ils étaient d'origine irlandaise ou italienne est un mythe. Un grand nombre de sectes chrétiennes grandes consommatrices de vin de messe virent le jour, avec la bénédiction des autorités fédérales.

Cependant, l'attitude de l'Église à l'égard du vin était ambivalente. Certains théologiens arguaient que les mots grecs et hébreux pour désigner le vin avaient été mal traduits et que la traduction littérale était en réalité « jus de raisin ». Un dentiste américain du nom de Thomas Bramwell Welch inventa une méthode permettant de produire du jus de raisin à grande échelle pour la messe.

Vin de messe et loi américaine

Il est rigoureusement interdit aux détenus des geôles américaines de boire du vin de messe, alors que les prisonniers amérindiens sont autorisés à prendre du peyotl, qui contient de la mescaline, pour célébrer certaines cérémonies religieuses. Pour être considéré comme Amérindien, vous devez pouvoir justifier d'un quart de sang indien.

En Floride, un alcoolique « en voie de guérison » surpris au volant en état d'ivresse s'est vu infliger une suspension de permis de conduire de cinq ans après avoir déclaré aux juges qu'il avait bu du vin à la messe durant la communion.

Œnologie et théologie

L'Eucharistie est la commémoration de la dernière cène du Christ et de ses disciples. La coutume veut que tous les participants prennent une gorgée de vin contenu dans le ciboire béni par le prêtre.

Cette cérémonie toute simple a depuis toujours suscité débats et polémiques au sein de la communauté religieuse. Le jus de la treille doit-il être remplacé par du jus de raisin ? Le vin de messe doit-il être coupé d'eau, ainsi qu'il était d'usage à l'époque du Christ ? Doit-il être rouge, comme c'est généralement le cas, ou blanc ? C'est sans importance. En revanche, il ne peut, a priori, être pétillant, si la fermentation est obtenue par adjonction de gaz carbonique. Car les vins impurs, c'est-à-dire contenant des additifs chimiques ou autres, sont interdits. En théorie, seuls les vins obtenus selon la *méthode traditionnelle* sont acceptables. Mais il n'existe aucune preuve que seuls ces vins sont utilisés. Les fidèles doivent-ils consommer tout le vin consacré ? Oui, le liquide béni ne doit pas être reversé dans la bouteille.

Des études très sérieuses ont été menées afin de déterminer si le fait de boire directement dans la même coupe augmentait

les risques de contagion chez les fidèles. La plus récente, réalisée en 1998 par la biologiste américaine Anne LaGrange Loving, a démontré que la transmission des germes n'était pas plus importante quand les fidèles buvaient à même le ciboire que lorsque la communion se faisait par intinction, quand l'officiant trempe les hosties dans le vin. Réalisée dans le New Jersey sur un échantillon de 681 sujets, l'étude n'a pas permis de mettre en évidence un risque plus élevé de contagion.

En revanche, la plupart de ces études ne prennent pas en compte la qualité du vin offert aux fidèles. D'après l'expert australien Walter James, les vins de culte sont généralement plus chargés en foi chrétienne qu'en alcool. Mais, quoi qu'il en soit, le vin a toujours tenu un rôle central dans la religion chrétienne, et les candidats au titre de saint patron du vin et des vignerons sont légions.

Le saint patron du vin

Par ordre d'ancienneté, les candidats au titre sont : saint Laurent (mort en 258) ; saint Vincent (mort en 304) ; saint Martin (mort en 397) ; saint Amand (mort en 679).

Rôti à point

Saint Laurent, condamné à mourir sur le gril, est surtout connu comme le saint patron des rôtisseurs. Selon la légende, il aurait dit à ses bourreaux : « Messieurs, retournez-moi, car ce côté-ci est cuit à point. » Il est le saint patron d'un grand nombre de causes et de professions dont les archivistes, les comiques – était-ce là sa meilleure blague ? –, les pauvres, les artisans verriers, les vignerons et viticulteurs. Et du Sri Lanka. Le 10 août, jour de sa fête, il est de tradition de faire un repas de viandes froides.

Vigneron céleste

Saint Vincent est l'un des saints les plus anciens – contrairement à saint Laurent qui ne fut canonisé qu'en 1881. C'est au Moyen Âge que saint Vincent fut choisi comme saint patron des vignerons, par analogie, dit-on, avec la vigne qui endurait de nombreuses tortures : mildiou, gelée, sécheresse, inondations, parasites. À La Mission de Bordeaux, on peut admirer une statue de saint Vincent changé en pierre par Dieu mécontent. L'histoire raconte que le Père éternel, insatisfait du vin servi au paradis, manda saint Vincent sur terre pour inspecter les vignobles de France. Le vin de La Mission le ravit tant que le saint en oublia de remonter au ciel – d'où la punition divine. Un viticulteur américain produit une cuvée à partir d'un assemblage de Zinfandel et de Sangiovese qui porte son nom.

L'inventeur de la taille

Saint Martin est un autre saint des commencements. Il servait comme sous-officier dans l'armée romaine et fut sacré évêque de Tours en 317, après avoir vécu de nombreuses années en ermite. Auprès des Romains, il avait pris l'habitude de planter de la vigne partout où il allait, et de nombreuses légendes attestent son goût prononcé pour la viticulture. L'une d'elles raconte que son âne ayant brouté un pied de vigne auquel il l'avait attaché, saint Martin dut verser des dommages et intérêts au vigneron furieux. Lorsqu'il s'en revint l'année suivante, il découvrit que le vigneron était enchanté par la qualité du raisin. Saint Martin, ou plus exactement son âne, avait inventé la taille. En dépit de cette excellence, saint Martin est devenu le saint patron des ivrognes. Sa fête, célébrée le 11 novembre, était jadis considérée dans de nombreuses provinces d'Europe comme le premier jour de l'hiver. Elle était l'occasion de banquets et de dégustation de vin nouveau. En Allemagne, les enfants plaçaient des pichets d'eau sur le pas de la porte dans l'espoir qu'elle serait miraculeusement changée en vin pendant la nuit. Au matin, les plus chanceux découvraient que la magie avait opéré. Un biscuit en forme de fer à cheval reposait à côté de la cruche pour signaler que le saint était bien passé par là.

Du pain, de l'eau … et du vin

Missionnaire belge et ermite du VIIe siècle, saint Amand est connu pour avoir évangélisé les régions viticoles du nord de l'Europe. Bien que spécialisé, son patronage reste conséquent : serveurs et patrons de bar, patrons d'hôtels et d'auberges, marchands, vignerons, négociants en vins et spiritueux. Cet assemblage hétéroclite de corporations serait dû au fait qu'il passa de nombreuses années dans des régions où poussaient la vigne et le houblon. Le fait qu'il ait vécu quinze ans durant de pain sec et d'eau ne semble pas avoir été retenu contre lui.

Michael Broadbent, Master of Wine

Un livre traitant du vin ne serait pas complet sans un bref aperçu de la vie et de l'œuvre de Michael Broadbent que certains, s'ils le pouvaient, éliraient volontiers patron moderne des buveurs de vin. Pour les amateurs anglais de la dive bouteille, Jancis Robinson, Master of Wine, qui jouit d'un immense prestige tant auprès du petit peuple que des « experts du bouchon », pourrait également prétendre à ce titre.

Michael Broadbent est lui-même dans la confrérie depuis 50 ans : il connaît ou semble connaître tous les gens importants ; il fut le premier à passer le concours de Master of Wine et est l'auteur de deux classiques de la littérature vinicole – *Wine Tasting* et *Michael Broadbent's Vintage Wines* : *Fifty Years of Tasting Three Centuries of Wine*, qui a fêté sa troisième réédition en 2002.

C'est en 1947, après avoir goûté un Yquem et un Lafite que Broadbent, architecte de formation, décida d'abandonner les conduits d'écoulement pour se consacrer entièrement à la dégustation. Après avoir fait ses classes chez un négociant en vins londonien, puis chez Harvey à Bristol, il réussit à convaincre la maison Christie de l'engager comme expert œnologue en 1965. Ce fut l'occasion pour lui d'explorer un grand nombre de chais méconnus de France et de Grande-Bretagne, et ce faisant d'amasser l'impressionnante collection de notes de dégustation qui constitue son *Vintage Wines*. Ses exploits et ses décorations sont innombrables, ses articles pour la revue *Decanter* sont incontournables, sa réputation de bon vivant est légendaire.

En 2002, il a publié la liste des « dix choses les plus importantes que j'ai apprises » pour la revue *Decanter* et qui sont :

* Les individus sont plus importants que les organisations.
* Visiter le plus grand nombre possible de régions viticoles – même une brève visite suffit. Elle sert d'aide-mémoire.
* Boire du bon vin à chaque repas. Une demi-bouteille de nectar vaut mieux que six bouteilles de jaja.
* Chercher les bonnes occasions et oser les saisir par les cheveux.
* Tenir un carnet de bord avec des notes de dégustation.
* Quand vous n'avez pas la réponse à une question, reconnaissez-le humblement.
* Dans le domaine du vin, la connaissance intime vaut mieux que toutes les théories ampoulées.
* Lisez vos classiques et tenez-vous au courant.
* Ayez l'honnêteté de vous en remettre à votre propre jugement, sans vous laisser influencer par les autres.
* Enseigner est la meilleure façon d'apprendre.

Le titre de Master of Wine

Broadbent fut élu président de l'Institut des Masters of Wine en 1970, un titre qui lui valut de siéger dans les plus hautes instances du monde du vin – hormis celles des propriétaires et producteurs récoltants. À l'heure où j'écris ces lignes, l'Institut compte 246 Masters of Wine et 112 Master Sommeliers.

Seuls six candidats sur vingt et un furent admis à la première session d'examens qui se tint en 1953. Aucun de ces lauréats n'est encore en vie actuellement. L'accès au club, longtemps réservé aux seuls sujets britanniques, est désormais ouvert à tous depuis les années 1980. Les premiers 72 membres étaient tous des hommes. Et alors qu'en 1979 trois femmes seulement furent admises à siéger, elles sont aujourd'hui 53. Le Master of Wine le mieux payé à l'acte semble être Jancis Robinson, qui passa l'examen avec succès alors qu'elle était enceinte de cinq mois.

L'examen demande une solide maîtrise de cet exercice typiquement anglais appelé « rédaction d'essai », mais la partie la plus difficile, pour la plupart des candidats, reste l'épreuve de dégustation. En 2004, Tim Atkin confiait à l'*Observer* que, durant sa préparation à l'examen, il dut déguster chaque jour en aveugle une douzaine de vins différents – et ce pendant une année. Sur plus de 2 000 candidats ayant passé l'épreuve, un sur dix l'a fait avec succès.

Trois seulement détiennent le titre de Master of Wine et celui de Master Sommelier. Gérard Basset, le fondateur de la chaîne de restauration anglaise *Hôtel du vin*. Les deux autres sont les Américains Doug Frost et Ronn Weigand.

Les métiers du vin : sommelier

Le métier de sommelier consiste – pour les plus chanceux – à découvrir et savourer de grands vins tout en gagnant des clopinettes. Car, il faut savoir qu'à moins d'être une sommité, les métiers du vin paient mal.

Globalement, les sommeliers anglais s'en sortent un peu mieux que leurs homologues américains, à condition toutefois d'exercer à Londres – mais ni les uns ni les autres ne peuvent compter sur les pourboires, contrairement à leurs collègues français.

Salaire annuel en €	*Londres*	*États-Unis*	*France*
Débutant	20 000	11 500	14 500
Fin de carrière	50 000	33 000	49 000

En échange de ce salaire de misère, on attend beaucoup du sommelier. Lettie Teague, responsable de la rubrique des vins chez Food & Wine, s'est essayée au métier sommelier trois soirs durant chez *Veritas* à New York – dont la carte propose pas moins de 3 000 vins différents. Son verdict : si un sommelier veut réussir, il doit avoir la forme d'un marathonien, le tact d'un diplomate et les pieds d'un commis qui fait du porte-à-porte.

Tim Kopec, responsable des vins – un titre qui tend à détrôner celui de « sommelier » aux États-Unis – chez *Veritas*, pose trois critères de recrutement. Le premier est avoir « un dos solide » – indispensable pour entreposer jusqu'à 160 caisses de vin par jour à la cave et en remonter 48 bouteilles dans une soirée. Le deuxième est une bonne maîtrise de l'outil informatique, raison pour laquelle le candidat idéal se situe dans la tranche d'âge des 25 ans. Le troisième est un palais sensible et propre : pas de brossage de dents ni de rinçage de bouche après trois heures de l'après-midi.

Teague dit des sommeliers « [qu'ils] sont les pilotes de chasse du monde de la restauration : capables de prendre rapidement des décisions en situation de stress intense. Ils doivent mémoriser les caractéristiques de milliers de bouteilles, et monter et descendre les escaliers au pas de course cent fois par jour sans se fatiguer ».

Matt Day, son homologue anglais, raconte une expérience beaucoup plus personnelle. Il eut un jour à faire à un client texan qui ne voulait « pas de Chardonnay », mais réclamait un Chablis Premier Cru. Après quoi, une fois la bouteille ouverte, il déclara qu'elle était bouchonnée. Day sauva la mise en laissant entendre que le verre avait dû être mal lavé et en apportant un verre propre au client qui, satisfait cette fois, qualifia le vin de « carrément génial ». Il avait également pour tâche d'aider les banquiers de la City à choisir le millésime de Pétrus (1966 ou 1970) qui s'accordait le mieux avec leur dessert. Il conclut ainsi son article du *Decanter* : « Laissez-vous guider par le sommelier et il vous mènera au seuil de l'extase gustative. »

La plus grande carte des vins du monde

Elle se trouve chez *Bern's Steak House*, en Floride. Le chai « de service » comporte une caisse de douze bouteilles de chacune des 6 500 cuvées en réserve. Soit 20 % seulement du stock total d'environ un demi million de bouteilles. Ce qui signifie une carte des vins de 2 500 pages, et la présence de dix sommeliers pour aider les clients à faire leur choix. La carte propose notamment un Madère 1792 – le plus ancien de tous les vins proposés –, 200 vins servis au verre, et au moins un vin de plus de 10 000 $ (un Gruaud-Larose 1851). Il est possible de visiter la cave, mais celle-ci est très utilitaire et sommaire comparée au décor « de bordel rococo » des salles du restaurant qui sont toutes équipées d'écrans de télévision pour les hôtes férus de matches de football et de séries télévisées.

Le prix du vin au restaurant

Il est bien connu que les buveurs de vin paient pour les abstinents. Une bouteille achetée au restaurant coûte trois à quatre fois plus cher que dans le commerce, plus la TVA. Une majoration nécessaire pour compenser les taxes payées en amont par le restaurateur. De façon générale, plus le restaurant est sélect et plus l'écart entre prix de gros et de détail est important. Au Royaume-Uni, on a instauré un système plus juste permettant au restaurateur d'opter soit pour une majoration de 10 £, soit pour un tarif dégressif en fonction du prix de la bouteille pour les vins les plus onéreux.

On a l'habitude d'éviter de choisir le vin figurant en deuxième place sur la carte des vins. Il est souvent moins cher parce qu'acheté en grosses quantités. Comme personne ne veut passer pour un radin, personne n'achète le vin le moins cher alors que le N° 2 est souvent un best-seller – jusqu'à 50 % du volume total des bouteilles vendues. Optez plutôt pour la cuvée du patron.

Une autre stratégie consiste à laisser choisir le vin par « l'expert » de votre groupe d'amis, ou d'indiquer le prix maximum que vous souhaitez mettre et vos préférences gustatives au sommelier. Mais ne demandez jamais si le vin est bon ; demandez-lui s'il l'a goûté et ce qu'il en pense. Si la réponse est « fruité » ou « généreux » ou « rond en bouche », il y a toutes les chances pour que le sommelier soit un âne. Ne prenez pas son avis. Mais tout n'est pas pour autant perdu …

On boit à l'œil

L'éditeur anglais Felix Dennis a fait fortune des deux côtés de l'Atlantique en publiant les magazines *Maxim* et *Stuff.* Il est également connu pour avoir organisé une « tournée poétique » baptisée : *Vous ai-je parlé du coup à l'œil ?* Cet ex-hippy, poursuivi en justice dans les années 1970 pour publication d'obscénités, s'est converti à la poésie après être tombé gravement malade dans les années 1990. Pour assurer la promotion de son recueil de poèmes, *A Glass Half Empty*, il a investi 600 000 $ dans une « tournée poétique » avec tombola. Les lots étaient des bouteilles de vin. Et pas de la camelote : Chablis Premier Cru, Guigal Condrieu, Chardonnay Stag's Leap et Bourgogne Grand Cru, pour n'en citer que quelques-uns. L'objectif étant de servir plus de dix mille verres de vin au cours de la tournée.

Ses poèmes lui ont valu d'être comparé à Kipling, non pas tant pour la qualité de ses vers que pour l'audace de ses rimes dont voici un exemple :

Mon verre est-il à demi vide ?
Mon verre est-il à demi plein ?
Passe-moi la bouteille, mon gars
Que je m'en resserve un doigt.

Le vin : prix au détail

Pour connaître le prix exact du vin contenu dans une bouteille achetée au détail, il faut se livrer à de savants calculs. Le tableau figurant ci-après n'est valable que pour le Royaume-Uni (£ 1 = 1,5 €) , avec l'aimable permission de Michael Palij, Master of Wine.

Prix au détail	£ 2,99	£ 9,99
- TVA 17,5 %	£ 2,54	£ 8,50
- Marge du détaillant 25 %	£ 1,94	£ 6,50
- Taxe	£ 0,68	£ 5,24
- Marge du producteur 20 %	£ 0,57	£ 4,36
- 10 pences frais divers Conditionnement	£ 0,47	£ 4,26

Le vin du Cheval Blanc

Le système de taxation et les nombreux intermédiaires grevant lourdement le prix de production, les propriétaires récoltants ont trouvé des parades pour compenser le manque à gagner. Dans *Wine Report* 2005, Christopher Fielden raconte que les viticulteurs chiliens ont pour habitude de diluer le moût de Zinfandel ou de Syrah avec de l'eau pour en résorber l'excès d'alcool et lui permettre de fermenter. Ayant remarqué un tonneau marqué des lettres CB, le visiteur demanda ce qu'il contenait. « Caballo blanco », lui répondit-on – de l'eau. Bien qu'illégale, cette pratique n'est pas dépourvue de logique dans la mesure où 500 litres d'eau ajoutés à 10 hectolitres de moût permettent d'obtenir 50 % de vin en plus. Toujours d'après Fielden une telle pratique serait courante en Californie.

Vins et animaux

Caballo blanco, le cheval blanc, n'est pas la seule mascotte des viticulteurs. Les vignobles de Coopers Creek, en Nouvelle-Zélande ont pris le chat pour emblème. En commençant par le Fat Cat Chardonnay[1] et le Cat's Pee on a Gooseberry Bush[2] (Sauvignon blanc), ils sont ensuite passés au Tom Cat Merlot[3] et au Glamour Puss Pinot noir[4]. Le Cat's Pee est décrit par les producteurs comme un « vin jeune, vif et remuant comme un chaton… aussi joyeux quand il est pris seul que servi sur des fruits de

[1] Littéralement : « le gros minet » (N.d.T.)./ [2] « Pisse de chat sur un groseiller » (N.d.T.)./ [3] « Le matou » (N.d.T.)./ [4] « Chatte glamour Pinot noir » (N.d.T.).

mer ». L'ATF ayant tordu le nez devant l'appellation Pee, celle-ci fut remplacée par Cat's Phee. Sur chaque bouteille vendue en Nouvelle-Zélande un pourcentage est reversé à la Société protectrice des animaux.

Les vignobles du Vampire sont, avec les Cupid Wines, un pur produit de la Roumanie post-communiste. Ces vins, qui vous promettent « un goût d'immortalité », sont élaborés à partir de cépages classiques (Cabernet Sauvignon, Chardonnay, Pinot noir et Pinot grigio) et destinés au marché américain. Compter 65 $ pour un assortiment de quatre bouteilles.

Vient ensuite le Fat Bastard[5], dont l'étiquette représente un hippopotame en colère, celui-là même qui serait à l'origine de l'appellation – même si d'aucuns soutiennent que bastard serait en réalité la déformation de Bâtard-Montrachet. En fait, il semblerait que ce soit à Thierry Boudinaud, producteur-récoltant, qu'on doive cette appellation. De retour d'Australie, Thierry, qui voulait montrer qu'il savait parler l'anglais comme un gars de là-bas, aurait pointé certaine barrique du doigt en disant à son ami Guy Anderson : « Eess a phet bastard. » Aujourd'hui, le nom désigne un vignoble produisant, entre autres, des vins issus de cépages Chardonnay et Syrah.

[5] « Le gros Bâtard » (N.d.T.).

Le premier bâtard

Pour autant, ce ne fut pas le premier bâtard de l'histoire du vin. Vers la fin du XIVe siècle, les Portugais exportaient déjà du bastardo. Il n'est pas impossible qu'il ait tiré son nom d'une variété de vigne – il existe encore aujourd'hui un cépage portugais du nom de Bastard – mais il est plus probable qu'il se soit agi d'un vin de qualité médiocre additionné de miel.

Le cépage appelé Bastardo a de nombreux synonymes – guère plus reluisants – selon les régions. Dans le Jura, c'est le Trousseau ; dans le Lot, le Malvoisie noir ; en Argentine, le Pinot gris de Negro ; et en Californie le Riesling gris. Il donne un vin charpenté avec des notes sucrées de date. Le vin rouge italien appelé Nerello del Bastardo n'a aucun rapport avec le cépage, car il est élaboré à base de Nebbiolo et de Sangiovese. S'agissant d'un assemblage illégitime selon la législation italienne, il n'a droit qu'à l'appellation « vino da tavola », vin de table. Son nom cherche à attirer l'attention des consommateurs sur le fait qu'il est illégitime.

La chèvre, « goat » en anglais, est l'apanage de l'Afrique du Sud. Dans son domaine de Fairview, Charles Back produit des vins dont les noms sont des jeux de mots sur des appellations de la Vallée du Rhône – au grand dam des Français qui menacent de lui intenter un procès. Il commença par commercialiser un Joas Do Room, puis vint le Joas Rossi. Back insiste sur le fait que « toute ressemblance avec un produit existant ne saurait

être que fortuite. Il possède également des troupeaux de chèvres championnes de concours agricoles. Quant à la qualité du raisin, il estime qu'il ne faut « choisir que les grappes dignes d'être mangées ». Ce qui justifie en grande partie le battage publicitaire et le sans-gêne du personnage.

Le prix de la terre

Le prix exorbitant de la terre vinicole est la preuve que les producteurs récoltants ne sont pas aussi malheureux qu'ils le laissent entendre. Estimer le prix moyen d'un vignoble est un exercice périlleux. Outre la qualité de la terre elle-même, il faut prendre en compte la situation géographique du vignoble à l'intérieur du périmètre AOC, sans oublier que les prix ont tendance à fluctuer d'une année sur l'autre. Si le terrain est nu, il faudra débourser l'équivalent du prix d'achat pour l'aménagement et la plantation. Voici quelques exemples de prix de vignobles de première qualité.

Région	*Prix moyen par hectare*
Nappa Valley	140 000 $
Oregon	48 000 $
Nouvelle-Zélande	80 000 $
Central Otage, Nouvelle-Zélande	300 000 $
Marlborough	60 000 $
Toscane (très grands crus)	2 000 000-3 000 000 $
Côtes de Provence	30 000-60 000 €
Sancerre	150 000 €
Beaujolais	45 000-115 000 €

Languedoc	50 000 €
Alsace	150 000 €
Châteauneuf-du-Pape	300 000 €
Beaujolais (villages)	20 000- 45 000 €
Bordeaux (Graves)	40 000- 90 000 €
Bordeaux (Saint-Émilion, Pomerol)	250 000-1 500 000 €
Champagne	500 000 £
Kent	5 000 £

Le vignoble Cohn de Napa Valley a été racheté au prix de 700 000 $ l'hectare par Francis Ford Coppola en 2003. Il a ravi l'enchère à Robert Mondavi qui s'était également porté acquéreur de cette terre de premier choix. Soit un total de 31,5 millions de dollars pour une mise à prix initiale de 25 millions.

Viticulteurs de l'extrême

Les effets conjugués du réchauffement de la planète et des nouvelles technologies permettent chaque année à la vigne de s'acclimater sous des latitudes de plus en plus extrêmes. Ainsi, le vignoble le plus méridional de la planète se trouve actuellement à Te Anau, en Nouvelle-Zélande, à une latitude de 45° sud. Il convient toutefois de préciser que le vin n'est pas produit sur place. La winerie la plus méridionale est située à Black Ridge, Alexandra, dans l'Île du Sud.

Le vignoble le plus septentrional est probablement celui de Hallingstad, en Norvège, planté en 1995 par Sveier Hansen, à 60° de latitude nord – une prouesse qui n'aurait pas été possible sans l'influence de l'Oslofjord tout proche. Le vin produit est essentiellement du Pinot noir avec un peu Riesling et de Chardonnay. Sur chaque étiquette figure une œuvre d'Edvard Munch et, comme pour le Mouton Rothschild, la série complète peut atteindre des sommes record. Ainsi l'Esprit d'Edvard Munch (1995-98) a quasiment vu sa valeur doubler en cinq ans.

Le Halfpenny Green Vineyard des Midlands de l'ouest en Angleterre, entre Wolverhampton et Dudley, se vante de produire « le vin rouge de consommation courante le plus septentrional ». Il réalise un chiffre d'affaires annuel de 800 000 £. Ce succès ne tient pas tant à la qualité du vin – que l'on pourrait tout juste qualifier de passable – qu'à la stratégie commerciale adoptée par l'entreprise. Car, de l'aveu même du propriétaire, «si nous nous étions contentés de planter des pieds de vigne et de faire du vin, l'affaire aurait coulé ».

Essences équatoriales

À mi-chemin, en Ouganda, se trouve un vignoble dont le produit est réservé à la consommation exclusive du propriétaire. Ses vins sont « foxés », c'est-à-dire à l'arôme et à la saveur âpres, une caractéristique qui tient au fait que la vigne est de type « vitis labrusca » et non de type classique « vitis vinifera ». Ces hybrides furent probablement introduits par les missionnaires français pour faire du vin de messe. Fait exceptionnel, les conditions climatiques – alternance de deux saisons sèches et deux saisons humides – permettent deux récoltes et donc deux cuvées par an.

Vin d'altitude

Culminant à 6 417 pieds au-dessus du niveau de la mer, le vignoble de Terror Creek, à l'ouest du Colorado, est probablement le plus haut et le seul à être entièrement ceint d'une clôture destinée à tenir à l'écart ours bruns, jaguars, lynx et ratons laveurs. Il jouit d'une température moyenne comprise entre 11° l'hiver et 29° l'été, même si les extrêmes peuvent atteindre des pics spectaculaires, et produit environ 8 400 bouteilles par an, principalement du Riesling et du Gewurztraminer et, accessoirement, du Pinot noir, du Gamay et du Chardonnay.

Le Bhoutan, petit État situé au cœur de la chaîne de l'Himalaya, héberge un vignoble exploité à des fins non commerciales, à une altitude de 7 200 pieds. Les vignobles les plus hauts d'Europe se trouvent vraisemblablement en Italie à Valdigne, près du mont Blanc. Situés à plus de 4 000 pieds d'altitude, ils produisent un vin de table peu alcoolisé, au nom évocateur de Blanc des Glaciers, ainsi que des vins pétillants. Un seul cépage, le Blanc de Morgex, se plaît sous ce climat montagneux. De germination tardive, il présente une phase de maturation rapide. Certains vignobles croissent à une altitude égale ou supérieure en Sicile, sur le mont Etna qui jouit d'un climat tempéré à 4 250 pieds.

Le plus petit vignoble du monde

Il se trouve à Toronto. L'Africus Rex patio occupe une surface de 3,30 m x 2 m, plantée de pieds de Cabernet franc nains. Les raisins obtenus par culture hydoponique, hors sol, sont ensuite mis à fermenter dans la cave du propriétaire. La surface totale du vignoble et de la cave est de 108 pieds carrés. Un pied de vigne bonsaï d'une hauteur de 12 à 14 pouces coûte environ 100 $ US. On trouve des ceps de chardonnay, zinfandel, cabernet franc et cabernet sauvignon.

Le vin de prison

Les pensionnaires de la prison Velletri de Rome produisent 45 000 bouteilles de vin par an. La production se décline en trois cuvées comprenant deux rouges et un blanc : le Fuggiasco (le Fugitif), le Quarto di Luna (un Chardonnay) et le Sette Mandate (Sept tours de clé). Le Fuggiasco est un Novello – assez proche du Beaujolais nouveau. Le ministère italien de la Justice, qui a investi quelque 500 000 € dans l'affaire, en fait la publicité sur son site Internet.

Changement climatique

D'un point de vue viticole, le réchauffement planétaire n'est pas une vue de l'esprit. Ainsi, en Angleterre, on récolte le Reichensteiner en moyenne trois semaines plus tôt qu'il y a 15 ans. Si la vitesse du Gulf Stream venait à ralentir, c'est toute la production vinicole du Royaume-Uni qui serait menacée. Mais les spécialistes s'accordent pour dire que c'est le contraire qui est en train de se produire. Ainsi le réchauffement climatique devrait se poursuivre pendant les 50 années à venir, et la production viticole atteindre non seulement les confins du Yorkshire – la limite médiévale de la production du vin – mais s'étendre au-delà jusqu'à l'Écosse. Du coup, il serait peut-être judicieux d'investir dans la terre à « champagne » du Kent, cent fois moins chère à l'achat que la terre champenoise. Les vins rouges bénéficieraient indéniablement de ce changement climatique et les cépages pinot noir et dornfelder seraient particulièrement favorisés.

Les vendanges

L'été 2003 a battu des records de chaleur avec, pour corollaire, des vendanges précoces dans toute l'Europe et l'Amérique du Nord. Une étude, menée par la revue *Nature* sur les vendanges en Bourgogne, révèle que 2003 fut non seulement l'année la plus chaude depuis 1370, mais également celle où les vendanges furent les plus hâtives. Parmi les autres années exceptionnelles plus récentes, on citera 1947 et 1893.

L'époque des vendanges varie considérablement d'un cépage à l'autre. C'est en Sicile que se font les vendanges à la fois les plus précoces et les plus tardives de l'hémisphère nord. Le chardonnay, transplanté sur la côte sud à Menfi, s'y récolte dès la fin juillet, alors que de l'autre côté de l'île, sur les versants de l'Etna, le Nerello Mascalese, un raisin en vogue promis à un bel avenir, est cueilli fin novembre. Ces dates ne concernent évidemment que les raisins qui ne sont pas laissés à dessein sur pied pour pourrir ou « surmûrir ».

Une étude américaine a souligné le caractère exceptionnel de l'année 2003 tout en démontrant que le réchauffement climatique était, du moins pour l'instant, bénéfique à la viticulture. Ainsi, un réchauffement de 1° aurait pour corollaire une progression de 1,3 point sur l'échelle d'évaluation des millésimes de la maison d'enchères Sotheby, les vins de Moselle et de la vallée du Rhin étant les plus favorisés par ce changement climatique. Les auteurs de l'étude précisent cependant que le réchauffement prévu de 2° au cours des 50 années à venir aurait au contraire des effets néfastes. La vigne ne résisterait pas dans les régions les plus chaudes où de nouvelles variétés devraient être acclimatées.

La Californie et le cataclysme prédit

En 1906, à la suite du tremblement de terre, un grand nombre de wineries de San Francisco disparurent dans les flammes. Quelque 30 millions de gallons de vin s'échappèrent ainsi des caves de la California Wine Association et inondèrent les rues de la ville. Il en découla une pénurie de vin qui dura deux ans. Au plus fort de l'incendie, les services de police durent immerger des documents importants dans la bière pour les préserver des flammes.

Les Chinois prennent goût au vin

Le marché du vin chinois représente 10 milliards de dollars et 20 % de la consommation d'alcool nationale, soit un peu moins que la consommation moyenne du Royaume-Uni – ce qui suppose un goût certain pour le vin. Cependant, il s'agit pour l'essentiel de vin de riz, même si ce dernier ne cesse de décliner. La consommation de vin de raisin connaît en revanche une progression annuelle de 13 % à laquelle la production chinoise de raisin de qualité risque de ne pas suffire, malgré le réchauffement de la planète. Le problème étant la mousson.

Forts de l'engouement japonais pour les vins haut de gamme, les producteurs occidentaux s'intéressent de plus en plus au marché chinois. Comme leurs voisins nippons, les Chinois ont tendance à privilégier les vins rouges de qualité, qu'ils boivent avec des glaçons ou mélangés à des boissons gazeuses. Le Sprite et le 7UP, leurs deux sodas préférés, contribuent à entretenir la tradition du « ganbei », que l'on pourrait traduire par « faire cul sec ». Là-bas, pas question de siroter ou de humer son verre : on le descend d'un trait. Ce qui, à défaut d'autre chose, est bon pour le commerce. Le Bordeaux est le nom le plus fréquemment cité en Chine, même si son prix dépasse de beaucoup les 30 yuans qu'il faut débourser pour acheter le vin produit par les 200 éleveurs locaux.

De quelle couleur était la mer d'Homère ?

À mesure que s'est répandue l'habitude de boire du vin, la perception que nous avons de sa couleur a changé. Il y a 5 000 ans, Homère, le père de *l'Odyssée*, fit de fréquentes références à la couleur lie de vin de la mer, couleur qu'il attribuait également au vin et aux moutons. Mais quelles étaient les couleurs dont parlait le poète Seules quatre couleurs sont citées dans tout *l'Iliade* et *l'Odyssée* : le noir, le blanc, le jaune acide et le rouge.

La couleur est un concept subjectif. Étroitement liée à la culture, la perception que nous avons de la couleur évolue, et le vocabulaire qui nous sert à la désigner évolue lui aussi. Toutes les langues font le distinguo entre le clair et le foncé ou le blanc et le noir. Selon une étude réalisée en 1980 par Brent Berlin et Paul Kay, la troisième couleur reconnue comme telle est toujours le rouge. Le vert et le jaune occupent respectivement la quatrième et la cinquième place, le bleu arrivant sixième et le brun septième. Dans certaines langues, comme l'espagnol, le mot « coloré » signifie « rouge ».

Il est donc fort probable qu'Homère ait considéré le vin et la mer comme étant « colorés », autrement dit « rouges », le mot « bleu », pour qualifier la mer, lui faisant défaut.

La couleur des bouteilles

Tout au long des XVIIe et XIXe siècles, la couleur des bouteilles évolua. À l'origine, du fait du prix du verre, assujetti à l'impôt, la palette était limitée. La plupart des bouteilles étaient marron-vert, en raison de la présence d'oxydes métalliques dans la silice servant à fabriquer le verre. Plus récemment, des teintes autres que celles du verre incolore, vert ou brun, ont vu le jour.

- **Bleu** : Koala Blue, les deux vins australiens (Shiraz et Chardonnay) lancés par Olivia Newton-John début 2001.
- **Bleu** : la maison Pommery a lancé le POP, un champagne en bouteille de 20 cl, couleur bleu de cobalt « qui peut tenir aisément dans la main et être bue avec une paille tout en déambulant gracieusement parmi la foule des invités ». On notera qu'il est plus moelleux et moins pétillant que le champagne classique. Piper-Heidsieck a commercialisé un produit similaire, mais pas dans une bouteille bleue.
- **Rose** : la Sofia Mini est un blanc mousseux présenté dans une cannette en alu. Produit par Francis Ford Coppola et baptisé ainsi en l'honneur de sa fille, il est d'une contenance de 187 ml. Rehaussé d'une pointe de Muscat (8 %), il s'adresse à la clientèle des discothèques. Compter entre 6 et 10 $ la cannette.
- **Noir** : il s'agit d'un verre cette fois, comme ceux qu'on utilise pour former les sommeliers car, dans un verre noir, il est impossible de dire si un vin est blanc ou rouge. C'est une idée du fabricant autrichien Riedel. Il s'appelle le Blind Bind et coûte environ 15 €.
- **Rouge** : c'est un vin français (vin de pays du Jardin de la France) dans une bouteille rouge avec un bouchon en plastique rouge et une étiquette rouge, mais c'est un vin blanc.

Le champagne, en particulier, s'est lancé dans l'expérience du verre coloré pour conquérir de nouveaux marchés et de nouvelles occasions, même si, à en croire madame Lily Bollinger, une telle entreprise semble superfétatoire : « J'en bois dans la joie ou la mélancolie. Seule parfois, accompagnée toujours. Je me laisse séduire quand l'appétit me manque. À part cela je n'y touche jamais, à moins que je n'aie soif. »

Champagne !

« Mon unique regret dans la vie est de n'avoir pas bu plus de champagne. »
John Maynard Keynes, économiste britannique.

À propos d'une maison qu'il avait louée pour l'été, Winston Churchill écrivit à son frère Jack : « Nous vivons fort simplement sans pour autant négliger l'essentiel : eau chaude pour le bain, champagne frappé, pois nouveaux et vieux cognac. »

Weird Pop

La Dame de Shanghai, baptisé ainsi en hommage au célèbre film des années 1940, interprété par Rita Hayworth, n'est pas à proprement parler un champagne mais une création de Nigel Lucas, un homme d'affaires britannique. Élaboré selon la *méthode traditionnelle* La Dame de Shanghai est un mousseux de Californie relevé de ginseng américain de première qualité, dixit le slogan publicitaire, reconnu pour ses vertus énergisantes et aphrodisiaques. La cuvée du Millénaire fut mise en vente à 368 $ les douze bouteilles. On ignore si l'entreprise Weird Pop a survécu depuis lors.

Le plus vieux champagne

Un champagne provenant d'un cargo coulé par un sous-marin allemand en 1916 a été récemment goûté. Le *Jöngköping* transportait à son bord 5 000 bouteilles de Heidsieck Goût Américain 1907 – même marque et même millésime que celui qui se trouvait à bord du *Titanic* au moment du naufrage. Retrouvé par 210 pieds de fond, il avait été conservé à une température constante de 3° ou 4°. Acheté à une vente aux enchères de Toronto pour 4 000 $, il fut aussitôt dégusté par ses nouveaux propriétaires. Ceux-ci déclarèrent que le bouchon avait sauté à l'ouverture et que le liquide était encore bien pétillant. Comme la plupart des champagnes de l'époque, il était plutôt moelleux avec une teneur en sucre de 42,5 g/l. De nos jours, on le qualifierait de « riche » ou « onctueux ». Sa robe était d'un jaune ambré. La compagnie Celebrity Cruises l'a inscrit sur sa carte des vins au prix de 7 000 $ la bouteille.

En 1955, un champagne fut repêché au large de Folkestone, dans la Manche, à la suite d'une collision avec un navire soviétique. Ceux qui l'ont goûté lui ont trouvé un « arôme et un goût légèrement poissonneux ».

Frasques champagnardes

Qui n'a pas rêvé un jour de prendre un bain de champagne ? Dans le film inachevé d'Erich Von Stroheim, *Queen Kelly*, la reine démente se baigne dans le champagne avant de se livrer à des agissements coupables.

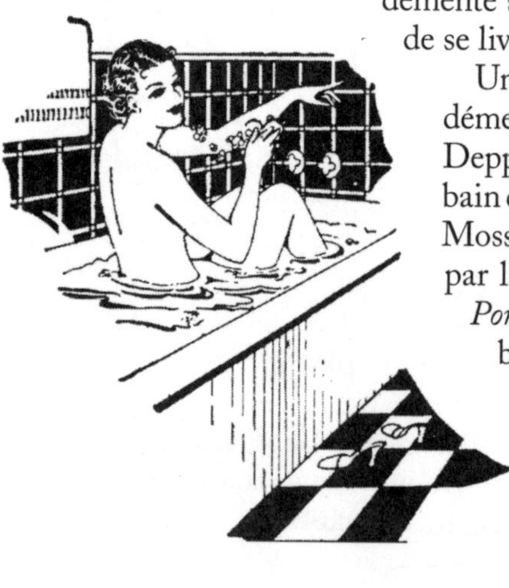

Une rumeur persistante, et chaque fois démentie, voudrait que l'acteur Johnny Depp ait décidé un jour de prendre un bain de champagne en compagnie de Kate Moss. Le couple en aurait été empêché par la femme de chambre du très sélect *Portobello Hotel*, laquelle aurait vidé la baignoire, déjà remplie à hauteur de 750 £. Depp, dont on dit qu'il a des goûts de luxe, aurait payé 2 600 £ une bouteille de vin dans un restaurant londonien en 2001.

On raconte que Marilyn Monroe aurait pris, elle aussi, un bain de champagne après avoir déversé pas moins de 350 bouteilles dans sa baignoire pour la remplir à ras bord.

C'est également un bain de champagne que Steve Tranmer, vendeur de son état, offrit à son épouse pour fêter leurs vingt ans de mariage. Il profita d'une remise de 50 % sur le champagne Henri de Bruzier. Il refusa de dévoiler la somme qu'il dut débourser, déclarant que sa femme risquait de « faire une syncope si elle découvrait ce qu'[il] avait dépensé ». NB : la capacité moyenne d'une baignoire est de 200 litres. En admettant que celle-ci ait été à demi remplie, à raison de 7,49 £ la bouteille, il en a coûté approximativement 800 £ à Steve et Kim, si l'on tient compte de la ristourne supplémentaire de 20 % consentie aux employés du magasin dans lequel il travaillait.

Dans un registre beaucoup moins romantique, citons la coutume en vogue dans les campus américains qui consiste à administrer un lavement de champagne à son partenaire. L'effet « biture » est immédiat, mais attention aux crampes liées à la présence des bulles dans le liquide « servi » frappé…

Le baptême au champagne

Jeter une bouteille contre la coque d'un navire qui n'a encore jamais pris la mer est une tradition qui remonte à la nuit des temps. Les Vikings faisaient une libation de sang pour baptiser leurs drakkars. Et avant cela, la coutume voulait qu'on sacrifiât des bœufs.

Jusqu'à la fin du XVIIe siècle, la Royal Navy baptisait ses bâtiments en fracassant un calice de métal précieux sur la coque. Le roi William III, estimant que c'était un gâchis, compte tenu de la quantité de navires produits, décréta qu'une bouteille de vin suffirait. Plus tard, on eut recours au champagne – pratique toujours en vigueur à la Royal Navy depuis 300 ans. Exception à la règle : en 1996, c'est une bouteille de whisky Macallan Highland pur malt qui servit à baptiser le *HMS Sutherland*.

Les fois où la bouteille ne s'est pas brisée

Bien qu'elle soit très répandue, la coutume du baptême de mer n'a pas toujours fait l'unanimité. Ainsi la compagnie White Star avait une vision plus utilitariste des choses, comme l'explique un employé des chantiers navals : « Une fois assemblé, on mettait le rafiot à la baille direct. » Ce fut le cas du *Titanic*, qui fut lancé sans apparat en 1911. Ce manquement à la tradition aurait, d'après certains, contribué à lui porter malheur.

Des histoires du même tonneau circulent sur le compte de l'*Aurora*, de la compagnie P&O, qui aurait subi un grand nombre d'avaries du fait que la bouteille, servant à le baptiser, ne se serait pas brisée du premier coup au moment de l'inauguration en 2000.

Plus récemment encore, des passagers ayant acheté une croisière autour du monde se retrouvèrent en rade à Southampton à la suite d'un problème technique. Tout le temps que dura la panne, le bar ouvrit ses portes et servit gratis. Pas moins de 9 200 bouteilles de vin et de champagne, 9 000 bières et 7 250 cocktails furent « éclusés » ainsi à l'œil.

Les marraines

La tradition veut que ce soit une dame qui baptise le vaisseau. Pour autant, celle-ci n'est pas censée saisir la bouteille à pleine main et la jeter de toutes ses forces contre la coque du navire, il lui suffit généralement d'actionner une corde au bout de laquelle est suspendue la bouteille. Mais il y a parfois des impondérables. Ce fut le cas lors de l'inauguration du *Carnival Legend* en 2002. La marraine, Judi Dench, actionna le mécanisme, mais la bouteille ne se brisa pas. S'emparant d'une deuxième bouteille, l'actrice la lança, mais trop court, et le magnum tomba à l'eau. À la troisième tentative, la bouteille se rompit, éclaboussant Dame Judi de la tête aux pieds, provoquant, paraît-il, son hilarité.

La formation des bulles

Une bulle est une minuscule poche de gaz qui se forme autour d'une fibre de cellulose microscopique laissée sur un verre mal essuyé. On notera que le passage au lave-vaisselle limite la formation de bulles. Le gaz carbonique dissous, qui pénètre dans la poche, la fait grossir puis remonter vers la surface. Chemin faisant, la bulle continue de capter du gaz et des molécules d'arômes. En atteignant la surface, elle éclate et relâche un minuscule jet de champagne au-dessus de la coupe : c'est l'effet pétillant.

Plus vite et plus fort

Une étude réalisée par l'Université du Surrey tend à prouver que les bulles accélèrent le passage de l'alcool dans le sang. À quantité égale de champagne, il ressort qu'au bout de cinq minutes, les sujets ayant bu le pétillant présentaient une alcoolémie de 54 mg, contre 39 mg pour ceux à qui on l'avait servi éventé.

Éloge de la petite bulle...

Plus petite est la bulle, meilleur est le champagne. Les grosses bulles, qui caractérisent les champagnes de mauvaise qualité, sont appelées « œils de crapaud ». Dans un verre de champagne, le diamètre d'une bulle naissante est de vingt microns. Celui-ci va croissant à mesure que la bulle remonte vers la surface, pour atteindre environ un millimètre. Sous l'effet de la pression du liquide environnant, la bulle éclate en relâchant un micro jet de champagne. Selon le chercheur Bill Lembeck, une bouteille de champagne contient en moyenne 49 millions de bulles. Un truc de photographe culinaire pour obtenir plus de mousse : gratter le fond du verre ou y jeter un cachet d'aspirine.

...mais haro sur la coupe

Cette astuce peut également s'employer pour faire déborder la traditionnelle quoi qu'inadéquate coupe à champagne. On raconte que l'inventeur en serait un porcelainier de Sèvres qui l'aurait moulée sur le sein de Marie-Antoinette, et que sa contenance était de 160 ml, soit environ une demi-bouteille. Mais royale ou pas, la coupe présente toutefois le double inconvénient de réchauffer le champagne tout en laissant s'échapper les bulles. La flûte, en revanche, avec son col étroit, permet de retenir et de concentrer les arômes contenus dans les bulles et de garder sa fraîcheur au breuvage.

Étiquettes de champagne

À la base, le champagne est un vin blanc sec auquel on ajoute du sucre pour l'adoucir au moment du « dosage ». On ajoute ensuite du champagne de la même cuvée pour ajuster le volume à l'intérieur de la bouteille, avant la pose du bouchon.

Dénomination	*Quantité de sucre par litre*
Brut Sauvage, Brut Zéro Extra Brut, Ultra Brut	Pas de sucre ajouté au « dosage », même si l'on tolère jusqu'à 6 g de sucre résiduel par litre.
Brut	0-15 g
Extra sec	17-35 g
Sec	17-35 g
Demi-sec	33-50 g
Doux	Plus de 50 g
RD (récemment dégorgé)	Le vin a mûri longuement sur ses lies. Ce qui lui confère davantage d'arômes. Il s'agit d'une marque déposée par Bollinger et non d'une dénomination.

Cocktails à base de vin

Le champagne et d'autres vins entrent dans l'élaboration d'un grand nombre de cocktails. En voici quelques-uns parmi les plus savoureux.

Nom	*Ingredients*	*Mélanges*
Mort dans l'après-midi	56 cl de Pernod et champagne.	Mélanger le Pernod avec des glaçons, verser-le dans une flûte et compléter avec du champagne.

Nom	*Ingredients*	*Mélanges*
Madère on the rocks	100 cl de madère ordinaire et 50 cl de Campari.	Mélanger avec de la glace.
Cardinal	75 cl de vin rouge, 50 cl de jus de citron , 2 cuillers à café de sirop de canne.	Mélanger tous les ingrédients au shaker sur un lit de glace pilée. Ajouter un zeste d'orange.
Bellini	25 cl de purée de pêches blanches, 125 cl de champagne frappé.	Ajouter le champagne à la purée de pêche et servir glacé.
Concorde	Cognac, champagne et jus d'ananas.	Mélanger tous les ingrédients au shaker. Ajouter de la glace.

Le Concorde arrive en neuvième position sur la liste des cocktails préférés des stars. Les autres sont élaborés à base de cognac – Hennessy le plus souvent – additionné d'ingrédients autres que le vin.

Ouvrir une bouteille de champagne

La bouteille doit être rafraîchie – l'idéal étant un seau à champagne rempli d'eau et de glace – ce qui a pour effet de réduire la pression du gaz contenu dans la bouteille.

Retirer l'habillage du goulot et détordre le muselet tout en gardant le pouce sur le dessus du bouchon. Une fois le muselet ôté, tenir le bouchon dans une main et la bouteille en sa partie la plus basse dans l'autre, en introduisant le pouce dans l'évasement au besoin.

Tout en tenant la bouteille à un angle de 45°, la faire tourner doucement – et non le bouchon – en évitant de la pointer vers les convives.

À mesure que le bouchon monte, laisser tout doucement sortir la pression. C'est un murmure et non une explosion que l'on doit entendre si l'on veut préserver les bulles et les arômes.

Verser un fond de champagne dans une flûte que l'on incline pour que le liquide s'écoule le long de la paroi.

Répéter l'opération pour servir les convives, puis revenir à la première flûte pour la remplir complètement. En procédant ainsi, on évite que la mousse ne s'échappe de la bouteille.

NB : plus le champagne est frais et moins il risque de déborder, sauf si l'on a secoué la bouteille…

Le sabrage

Pour sabrer une bouteille de champagne, point n'est besoin d'avoir servi dans les hussards. L'opération ne consiste pas à trancher le goulot d'un vigoureux coup de lame. Une fois ôtés l'habillage et le muselet, tenir la bouteille à 45° en veillant à ce que personne ne se trouve sur la trajectoire du bouchon. Placer le sabre sur le corps de la bouteille, le dos de la lame pointé vers le goulot. D'un mouvement souple mais ferme, faire glisser la lame sur le goulot jusqu'à heurter la bague d'un coup sec. Le bouchon emprisonné dans la bague s'envole. La pression, en s'échappant, emportera avec elle tous les débris de verre.

La plus longue trajectoire d'un bouchon de champagne

Le plus long « lancé » de bouchon de champagne jamais homologué a eu lieu le 5 juin 1988 dans les vignobles de Woodbury, État de New-York. Ce jour-là, le professeur Heinrich Medicus, de l'Université de Rensselaer, a projeté un bouchon de champagne à une hauteur de quatre pieds au-dessus du niveau du sol sur une longueur de 174,5 pieds (52 mètres).

Le champagne en vol

Chaque année, les passagers de la compagnie aérienne British Airways éclusent plus d'un million de bouteilles de champagne. Dieu merci, l'obsession sécuritaire de l'après 11 Septembre – qui a conduit les compagnies aériennes à supprimer les couverts en métal pour les remplacer par du plastique – n'a pas eu raison des bouteilles de 33 cl, tant prisées des voyageurs en classe affaires. Jugeant qu'un tesson de bouteille était une arme encore plus dangereuse qu'un couteau en inox, le gouvernement britannique a tenté de les interdire, mais en vain.

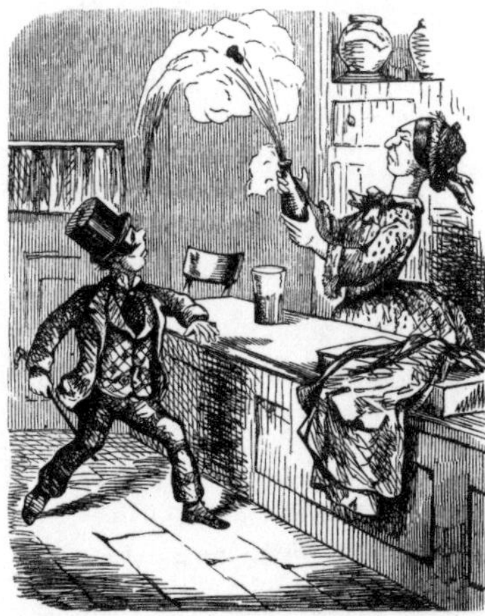

En 2003, LinkPlas, une entreprise néo-zélandaise, a lancé sur le marché une bouteille en plastique qui ressemble et se comporte en tous points comme un modèle en verre. Son nom est Pettle, un diminutif de polyéthylène téréphthalate. Elle pèse le cinquième d'une bouteille en verre et, surtout, elle est incassable. Air New Zealand envisage de la proposer sur ses vols long-courriers, après que Tasman Express l'ait testée avec succès auprès de ses clients en 2005. En 2004, Pettle a remporté le Prix de l'industrie plastique néo-zélandaise.

La KLM sert chaque année pas moins de 46 millions de bouteilles de 25 cl de vin, 80 000 bouteilles de champagne et 380 000 bouteilles de 75 cl, en classe affaires et première classe uniquement.

Choisir des vins pour la haute altitude est un art. Les fonctions gustatives sont émoussées par la pressurisation et la très faible hygrométrie de l'air. À titre d'exemple, le taux d'humidité relatif dans le Sahara est de 20 %, alors que sur certains vols en haute altitude il ne dépasse pas 1 %. Raison pour laquelle Air New Zealand sélectionne des vins peu tanniques, fruités, avec un taux d'acidité élevé. Petite devinette : à votre avis, quelles sortes de vins produit la Nouvelle-Zélande ?

Vins ailés

Un membre, au moins, du jury Cellars in the Sky 2005 partage l'avis des Néo-Zélandais. Peter McCombie s'est dit déçu par la carte des vins des compagnies aériennes, qui « proposent trop souvent, dit-il, des vins tanniques, insipides et qui supportent mal l'altitude ». Selon lui, « tout là-haut, les vins du Nouveau Monde sont les plus gouleyants ».

L'altitude et la sécheresse de l'atmosphère ne sont pas seules en cause. La pression atmosphérique joue également un rôle. Une pression de 15 psi et plus est idéale pour la dégustation. Or, à 4 000 mètres d'altitude, la pression avoisine les 8 psi, ce qui est loin d'être parfait.

Un autre facteur non négligeable est la raréfaction de l'oxygène. Outre qu'il provoque une sensation de somnolence, l'air raréfié ralentit la métabolisation de l'alcool. Un verre ou deux en avion équivaut à trois ou quatre verres consommés au sol. On observe le même effet à Lhassa au Tibet, ou à Denver, au Colorado.

Il convient de souligner que Cathay Pacific a reçu le Prix d'excellence pour sa carte des vins classe affaires, ainsi que diverses autres citations dans d'autres catégories, tout comme British Airways. Le Prix première classe de même que celui de l'originalité est revenu à Japan Airlines.

Les dix meilleurs vins selon *Decanter*

Dans son édition 2004, le magazine britannique *Decanter* a passé en revue les 100 vins à « déguster absolument avant de mourir ». Parmi eux, les dix premiers étaient :

1 - Mouton Rothschild 1945 (3 500 £) : « Le plus grand Bordeaux de tous les temps. » Michael Broadbent.

2 - Château d'Yquem 1921 (1 375 £) : « Le plus extraordinairement riche - en bouche de tous les Yquem. » Toujours M. Broadbent.

3 - Château Latour 1961 (2 850 £) : « Pourrait bien atteindre son sommet dans 20 ans. » Jasper Morris MW ; 100 points Parker.

4 - Domaine de la Romanée-Conti, Richebourg 1959 (1 000 £) : l'un des plus grands Bourgogne du XXe siècle et actuellement à son apogée.

5 - Domaine de la Romanée-Conti, La Tâche 1978 (1 250 £) : « L'un des plus grands Bourgogne que j'aie goûtés. » Robert Parker.

6 - Huet SA, Le Haut Lieu, Moelleux, Vouvray 1947 (400 £) : l'un des meilleurs Val de Loire d'après-guerre. Sera probablement encore gouleyant en 2014.

7 - Penfolds Bin 60A 1962 (500 £) : « Le meilleur vin jamais produit en Australie. » James Halliday. Producteur Max Schubert de Grange Pioneer.

8 - Château Pichon-Longueville Comtesse de Lalande 1982 (166 £) : « Irrésistible. » David Peppercorn, Master of Wine.

9 - Domaine de la Romanée-Conti, Montrachet 1978 (125 £) : « Le Chardonnay à son apogée. » Clive Coates, Master of Wines.

10 - Jean-Louis Chave, Cuvée Cathelin, Hermitage 1990 (75 £) : « Un colosse : bien parti pour se garder encore 20 ou 30 ans. » Nick Adams, Master of Wine.

Pour acquérir une bouteille de chacune de ces cuvées, il vous faudra débourser pas moins de 11 000 £. Notez que, dans certains cas, elles sont vendues par douze.

Le Chardonnay

Bien que le Chardonnay produit en Bourgogne fasse partie des dix meilleurs vins de cette liste, sa réputation se trouve quelque peu dévoyée par la marque australienne Chardonnay créée dans les années 1980.

Voici ce qu'en dit C.P. Lin, un vigneron aveugle de Mountford Estate en Nouvelle-Zélande : « Pour moi, le Chardonnay est la putain du vigneron. On peut en faire ce que l'on veut, aussi bien un Chablis sec qu'un vin du Nouveau Monde aux arômes fortement boisés. Pour cela, il suffit de limiter la récolte, c'est la seule façon d'obtenir un Chardonnay qui dure et de qualité. »

Dans le même registre, Michael Chapoutier de la Maison Chapoutier, éleveurs de vin et négociants dans la Vallée du Rhône depuis sept générations, dit du Chardonnay californien que « c'est comme de tailler une pipe à Pinocchio ».

La popularité du Chardonnay ne cesse de croître, alors que sa réputation s'est trouvée au contraire ternie par le phénomène Bridget Jones. L'héroïne de la romancière Helen Fielding passe sa vie à compter les calories, les cigarettes et les verres de vin, le Chardonnay étant son ordinaire. Hugh Grant, qui tient le rôle du goujat dans le film, a déclaré : « Je vis dans un monde comme celui-là. C'est pour ça que j'ai adoré le roman. La plupart de mes amis fonctionnent sur ce modèle. Nous vivons dans un monde de Chardonnay, de clopes et de désespoir. »

Le mouvement ABC (Anything But Chardonnay[6]) a vu le jour aux États-Unis dans les années 1990. Cependant, si vous n'avez vraiment pas d'autre choix que de boire du Chardonnay, décrit par David Margin comme « une bibine au goût de plastique », il est conseillé de mettre la bouteille au freezer jusqu'à ce qu'elle soit à la limite de la congélation. Sachez à tout hasard que plus un vin est froid moins il a de goût. Aussi, servez-le avec des aliments très salés.

Le Chardonnay n'est pas toujours ce qu'il prétend être. Qu'il soit produit en Europe, en Australie, en Nouvelle-Zélande ou en Hongrie, il doit comporter au moins 85 % de cépage du même nom. Mais c'est tout. Ce qui signifie que le Sauvignon blanc de Nouvelle-Zélande peut comporter jusqu'à 15 % de Sémillon. S'il est produit aux États-Unis, il devra être issu à 75 % du cépage figurant sur l'étiquette. Ailleurs, le nom du cépage inscrit sur la bouteille en définit précisément le contenu.

Chardonnay continue d'être un prénom de fille très apprécié en Angleterre, en dépit de la fin tragique de l'héroïne du même nom dans la série TV *Femmes de Footballeurs*. On suppose que c'est Victoria Beckham, dite « Posh », qui a inspiré le personnage de Chardonnay Lane-Pascoe. « Posh » affirme que la série lui a valu un nouveau surnom « mon coiffeur m'appelle Beaujolais » ou Chablis. Dans la série télévisée, Chardonnay, top modèle à l'ascension fulgurante, meurt d'anorexie après avoir assassiné l'un des co-équipiers de son mari, et manque prendre feu, la veille de sa nuit de noces, à cause de ses implants mammaires.

À propos de footballeurs, 26 % des Britanniques interrogés par le Wine Institute of California au sujet de Laurent Blanc, équipier de Manchester United, ont répondu qu'il s'agissait d'un cépage.

---

[6] « Tout Sauf du Chardonnay » (N.d.T.).

Le vin claret de Bordeaux

« Je vois que vous êtes un connaisseur. La plupart de nos clients ne savent pas faire la différence entre un Bordeaux et un claret. »
John Cleese dans *Faulty Towers*

MM. Wint et Kidd, les deux gays apprentis tueurs du film *Les Diamants sont éternels*, se font piéger par leur ignorance quand, déguisés en sommeliers, ils servent une bouteille de Mouton Rothschild 1955 à James Bond. Après y avoir trempé ses lèvres, l'agent 007 déclare « pour accompagner un repas aussi grandiose, j'aurais préféré un claret ». Wint mord à l'hameçon et se répand en excuses. « Nous sommes malheureusement en rupture de stock », dit-il. Il s'ensuit un formidable duel à coups de brochettes enflammées qui mèneront M. Kidd à sa perte.

Le petit bateau de l'amiral Nelson

Nelson, héros de Trafalgar, ayant laissé un bras à la bataille en 1797, avait commandé à son orfèvre un vaisseau miniature en argent massif monté sur roulettes, pouvant contenir deux bouteilles, afin de faire circuler le vin efficacement autour de la table quand il recevait ses capitaines.

Le premier nom de château en Angleterre

Dans son journal en date du 10 avril 1663, le célèbre chroniqueur Samuel Pepys vantait les vertus d'un claret – le seul qu'il appela jamais par son nom – goûté « … à la *Royal Oake Taverne* de Lombard-street. […] Une sorte de vin français appelé Ho Bryan, au goût très particulier et le meilleur qu'il m'ait été donné de boire ». Il s'agissait, naturellement, d'un Château Haut-Brion, l'un des plus anciens pre-

miers crus selon la classification de 1855. À Londres au XVIIe siècle, le Haut-Brion, également connu sous le nom de Pontac, coûtait 7 shillings la bouteille, soit trois fois plus cher que le vin espagnol. Une livre sterling de l'époque équivalant à environ 90 livres actuelles, le prix de la bouteille de nos jours serait de 30 £. On pouvait le déguster dans un restaurant appelé le *Pontac's Head*, ainsi nommé par François-Auguste de Pontac, florissant négociant en vin établi à Londres en 1666. Le Pontac, ou Haut-Brion, produit par le domaine de son père, et servi à l'illustre chroniqueur, devint non seulement le premier grand vin de réputation mondiale mais également le premier à être désigné par son nom de domaine plutôt que sous l'appellation générique de claret ou clairet.

Pepys buvait également du vin espagnol et gardait toujours en réserve un tonneau de « tintilla » ou « tinta de Rota », le meilleur vin rouge d'Andalousie.

Les fraises au vin

Au XIXe siècle, on croyait mordicus qu'une fraise plongée dans un verre de vin en limitait les effets « échauffants ». Un conseiller municipal, qui avait bu à outrance, s'était réveillé avec la gueule de bois en pestant, non pas contre les six bouteilles de Bordeaux qu'il avait « gobelottées », mais parce qu'il n'avait plongé « qu'une seule fraise au fond de son verre ».

Soupe de fraises au vin de Bordeaux

Faire cuire 500 g de fraises jusqu'à ce qu'elles ramollissent. Dans un mixer, mélanger les fruits avec une quantité égale de Bordeaux nature ou coupé d'eau. Égoutter selon convenance puis mettre au frais. Servir avec un nuage de crème fouettée non sucrée ou avec de la crème sucrée parfumée à la vanille. Râper un soupçon de noix de muscade avant de servir. La soupe aux fraises est meilleure nature que sucrée.

Confusion autour du clairet

Depuis des siècles, les vins de Bourgogne et de Bordeaux sont en concurrence. Un jour qu'une dame demandait à Anthelme Brillat-Savarin, le plus grand des gourmets français, quelle était sa préférence, il répondit : « Voilà, madame, un problème que je prends un tel plaisir à résoudre que je ne cesse de repousser mon verdict de semaine en semaine. » Harry Waugh, doyen des œnophiles britanniques dans les années 1950, à qui l'on demandait à quand remontait la dernière fois qu'il avait confondu un Bourgogne et un Bordeaux, donna pour toute réponse : « Pas à midi en tout cas. »

Bourgogne : le devoir et domestication

« Le premier devoir d'un vin est d'être rouge… le second d'être un Bourgogne. » Harry Waugh, œnologue britannique.

L'une des plus célèbres caricatures de James Thurber, parue dans le *New Yorker,* se gausse des snobs du vin. On y voit l'hôte débouchant une bouteille et annonçant à ses convives : « Ce n'est qu'un modeste Bourgogne sans aucune éducation, mais je crois que vous allez trouver ses prétentions tout à fait réjouissantes. »

Les phéromones du Pinot

Les amoureux du Pinot noir – qui est également l'un des cépages entrant dans la fabrication du champagne – le décrivent comme « un vin sensuel et délicatement parfumé » (Robert Joseph), avec « un bouquet d'arômes multicolores sur la fin » (James Halliday) et cette capacité des grands vins de Bourgogne à « faire exploser des parfums de fleur » (Michael Bettane). Gina Gallo, viticultrice du domaine Gallo Somona, dit : « Quand on se prend d'amour pour le vin, on finit par tomber amoureux du Pinot noir. » Pour preuve de sa bonne foi, elle a planté quelque 600 arpents de ce délectable cépage.

L'œnologue canadien Konrad Ejbich va jusqu'à affirmer que le Pinot noir est doté de sex-appeal. Il prétend ne « le déguster que dans des endroits où l'on peut garder une main sous la table » et le décrit comme « le paradis contenu dans un verre… de la couleur de lèvres rubis. Il a une odeur musquée et un goût de fraise, de framboise et de cerise bien mûres ».

De récentes études semblent démontrer que les phéromones contenues dans le Pinot noir sont voisines des phéromones mâles – musquées, un brin bestiales et légèrement végétales. Alors que les phéromones femelles, plus proches du poisson et du lait caillé, se retrouvent rarement dans le vin, même si le viticulteur australien Max Lake pense que l'acide isovalérique, contenu dans le champagne, lui confère une odeur de fromage frais.

Les vertus aphrodisiaques du Pinot noir ne semblent pas avoir échappé à l'auteur californien de ces lignes (à propos de la cuvée Armida 1999) : « Souvenez-vous de la dernière fois que vous êtes entré dans un bordel marocain. Tandis que vos yeux s'accommodaient à la pénombre, un parfum de cannelle, de clou de girofle, de curry et de gingembre flottait dans l'air comme un baiser… Vous ne pouvez pas vous offrir le voyage jusqu'au Maroc ? Le Pinot noir 1999 vous y transportera. »

Le Riesling

Presque tous les œnologues s'accordent pour dire que le riesling est leur cépage blanc favori. Le grand public – volontiers décrit comme étant sous l'emprise du charme douteux du Chardonnay – ne semble guère sensible à l'acidité métallique et à l'arôme intense, frais et subtil d'agrume du Riesling. Tant pis pour lui et tant mieux pour les connaisseurs, car le grand Riesling continue d'être commercialisé très en dessous de sa valeur.

Le problème vient en partie de ce que le Riesling du Rhin – le vrai riesling d'origine allemande, alsacienne, autrichienne et australienne – est concurrencé par un petit frère vendu sous le nom de Welsriesling ou Laski Riesling.

Entre des mains expertes, ce Riesling plus modeste peut donner des vins de vendanges tardives excellents, mais il sert surtout à la fabrication de vin de consommation courante frais et fruité, sans plus.

Les bons Riesling	*Les moins bons (à l'exception des vins liquoreux)*
Rhine Riesling (Afrique du Sud)	Riesling Italico (Italie)
Weisser Riesling	Welschriesling (Autriche)
Riesling Renano (Italie)	Rizling (produit n'importe où)
Riesling blanc	Olasz Riesling (Hongrie)
Johannisberg Riesling (USA)	Laski Riesling (Slovénie, Croatie)
Renski Rizling (Slovénie)	Rizling Vlassky (Slovaquie)

L'œnologue américain, Robin Garr, pense que le Riesling souffre d'une mauvaise stratégie de marketing. « Je n'ai jamais compris pourquoi le Riesling allemand n'était pas un best-seller, en particulier aux États-Unis, où les gens avalent des boissons sucrées à tire-larigot. Le Riesling léger, frais, peu calorique, facile à boire et légèrement moelleux offre un bouquet fruité équilibré par une acidité rafraîchissante. On pourrait presque dire que c'est le jus de fruit des adultes ! »

Comble de l'ironie, le Hock (originaire de la ville de Hochleimer) était l'un des vins les plus chers du monde aux XVIIIe et XIXe siècles. Aux enchères de Christie's de 1808, une douzaine de bouteilles de Hock vieux s'est vendue plus de 10 £. D'après Michael Broadbent, c'est le prix maximum jamais atteint par un vin acheté à l'encan entre 1766 et 1880. Le Hock était le vin préféré de la reine Victoria, et par conséquent, l'un des plus en vogue durant la deuxième moitié du XIXe siècle.

Dans ses Mémoires de Londres, *City Encounters*, publiés en 1934, Thomas Burke rapporte qu'un Lafite 1890 s'est vendu à 40 shillings la douzaine, alors qu'une caisse de Bernkastler Doktor 1907 est partie à 63 shillings.

Les femmes et le vin

Le succès de Jancis Robinson « figure de proue de l'œnologie britannique » n'est pas dû qu'à sa forte personnalité, à sa grande érudition ou à son goût de l'effort. Il est scientifiquement prouvé que les femmes ont un sens du goût plus développé que les hommes.

Le nez le plus cher

Le nez et les papilles d'Angela Mount, responsable des achats de vin de la chaîne de supermarché Somerfield, ont été assurés à hauteur de 10 millions de livres. Le contrat stipule qu'il lui est formellement interdit de fumer. Une étude effectuée par Tesco semble démontrer que les femmes enceintes, dont l'odorat est particulièrement sensible, sont les meilleures dégustatrices.

Les femmes et l'odorat

Aux États-Unis, une étude réalisée à partir d'images à résonance magnétique (IRM) a démontré que la moitié des surdoués du goût et de l'odorat, soit 25 % de la population, étaient des femmes. Les femmes en âge de procréer sont plus sensibles aux odeurs et aux saveurs que tous les autres groupes de population – une disposition qui leur permettrait de détecter les toxines contenues dans les aliments. En outre, il semblerait que les femmes sollicitent davantage leurs capacités cérébrales quand elles goûtent un produit – huit fois plus que les hommes selon l'IRM.

Les femmes sont également capables d'éduquer leur odorat – mais les hommes aussi. Les capteurs de la paroi nasale se renouvellent plus fréquemment que n'importe quelles autres cellules du corps. Autrement dit, il nous est possible de renouveler notre odorat pour l'ajuster à nos arômes préférés et apprendre ainsi à mieux les identifier.

Jacques Lardière, directeur technique de la Maison Louis Jadot, prétend que les femmes font tourner leur vin dans leur verre dans le sens inverse des hommes. Un geste qui aurait une incidence sur les arômes – si tant est que ce soit vrai.

Quel vin portez-vous ?

Dans *Wine for Women*, l'auteur américaine Leslie Sbrocco, s'amuse à dresser un portrait chinois du vin en l'associant à la tenue vestimentaire.

Vin :	*Analogie vestimentaire :*
Sauvignon blanc	Chemisier ou corsage blanc empesé
Merlot	Pull-over en cachemire très doux
Syrah	Sac à main en cuir rouge racé
Cabernet Sauvignon	Costume trois pièces très classe
Riesling	Brassière confortable mais seyante
Chardonnay	Tenue noire de base
Sangiovese	Escarpins italiens très chic
Pinot noir	Élégant, racé et glamour, la robe du soir des rouges
Zinfandel	Pantalon de cuir noir qui ajoute un zeste de mystère à votre garde-robe

Sara Gagnon, viticultrice d'Olympic Cellars, cible une clientèle spécifiquement féminine. Son Working Girl White évoque « un vigoureux assemblage de Chardonnay et de Riesling [qui] se déguste en petite culotte et pantoufles, pour oublier la fatigue et le stress d'une journée de travail harassante ». Quant au Rosé The Riveter, il ne fait que « griser légèrement » avec ses arômes de groseille, framboise, grenade et airelle. Il convient de souligner que ces vins ont été maintes fois médaillés dans des foires agricoles du nord-ouest des États-Unis. Le blanc Working Girl est complété par un Go Girl Red, un « petit coup soyeux » élaboré à partir d'un assemblage de Merlot et de Lemberger.

Le vin et le vinaigre balsamique

Contrairement aux idées reçues, le vinaigre balsamique n'est pas fait à partir de vin. Le meilleur vinaigre de vin est fabriqué selon la méthode dite d'Orléans, et qui consiste à laisser vieillir le vinaigre en fût comme on le ferait pour un bon vin. Le vinaigre balsamique, dont la première référence écrite remonte à 1046, lorsqu'une barrique en fut offerte à l'empereur Henri III, était à l'origine élaboré à partir de vinaigre de vin. Néanmoins, depuis 1861, le vrai vinaigre balsamique est fait à partir de jus de raisin blanc non fermenté et généralement riche en sucre, le plus souvent du Trebbiano.

Le moût à peine fermenté est mis à cuire dans un chaudron puis à vieillir dans des fûts de chêne, de frêne ou de cerisier. À raison d'une évaporation de 10 % par an, il faut 100 litres de moût pour obtenir 15 litres de vinaigre au bout de 12 ans. Le vinaigre balsamique acheté en grande surface est fait à partir de vinaigre de vin additionné de moût frais et coloré avec du caramel.

LE VIN ET LE CHOCOLAT

Nombreux sont les puristes qui pensent que les deux sont incompatibles. Certes, la douceur du chocolat ajoutée à sa consistance onctueuse n'aide guère à éveiller les papilles au goût du vin. Et le fait est que plus le chocolat est sucré plus l'association des deux s'avère délicate.

Il n'y a pas en ce domaine de recette miracle, mais certains œnologues non dépourvus d'imagination, et encore moins d'érudition, proposent quelques solutions.

Les vins mousseux comme l'Asti Spumante s'accordent bien avec les desserts chocolatés, de même que les vins de Muscat à l'arôme et à la douceur intenses. Essayez donc un Muscat Beaumes-de-Venise avec une meringue au chocolat. Les vins fortifiés, blanc ou rouge, font également bon ménage avec le chocolat. Le Vin Jaune du Jura est suffisamment concentré pour pouvoir s'imposer, au point qu'un maître chocolatier local propose une ligne de chocolats à déguster spécialement avec les vins du Jura. Le Banyuls – produit dans le sud de la France à partir de Grenache – possède à la fois la rondeur et la douceur requises pour exalter le chocolat. Bien que n'étant pas fortifié, le Recioto, un vin doux rouge du nord de l'Italie, obtenu à partir de grains de raisins séchés, présente les mêmes qualités. Le Xérès issu du cépage Pedro Ximénez est également conseillé, et en particulier l'excellent Gonzalez Byass.

Plus le chocolat est amer et plus il est facile à concilier. S'il s'agit d'une sauce au chocolat noir, le choix peut être élargi à des vins rouges secs comme le Zinfandel ou le Merlot – en particulier quand ils présentent des notes chocolatées. Les Chianti, comme le Castello di Bossi de l'excellent vignoble de Giromalo, sont également des partenaires étonnamment savoureux. La légère amertume, les notes végétales et grillées des vins du sud s'accordent très bien avec l'amertume du chocolat noir.

Pour ceux qui veulent tenter l'expérience, la San Francisco Chocolate Factory propose un « assortiment de chocolats pour les amoureux du vin ». Les chocolats sont présentés selon leur teneur en cacao et, par conséquent, leur degré d'amertume, dans trois boîtes différentes et accompagnés d'une liste de vins à déguster. La sélection propose le Zinfandel en accompagnement des plus forts en cacao et le porto pour les plus légers. Une telle alliance ne ferait sans doute pas l'unanimité.

Le vin et les aliments : alliances et mésalliances

Selon la tradition, le vin rouge s'accorde mieux avec la viande et le blanc avec le poisson. Faux, ou tout au moins partiellement vrai. Le vin rouge, riche en tanin, s'accorde bien avec les protéines contenues dans la viande rouge qui ont pour effet d'en adoucir l'âpreté.

Il n'empêche que certains vins rouges légers s'accordent bien avec le poisson – et notamment le Cabernet franc, ainsi qu'un grand nombre de vins italiens. Les rouges légers s'allient également très bien avec la cuisine thai, même si les blancs, plus fruités et épicés, sont meilleurs. Alexandre de Lur-Saluces de Château d'Yquem, soutient que le Sauternes peut être bu du début à la fin d'un tel repas.

Michael Broadbent, comme toujours, est d'excellent conseil en la matière : « Décidez qui sera le soliste et qui l'accompagnateur. » Les sauces riches et les plats compliqués ne sont pas idéals pour accompagner un grand vin. Tout est affaire de simplicité.

Les pires ennemis du vin

Les aliments les plus difficiles à concilier avec le vin sont les asperges, les artichauts, les tomates et les œufs.

Les asperges, naturellement très parfumées et riches en acide sulfureux, dénaturent le goût du vin. La seule solution est de les faire griller pour en adoucir le goût. On peut alors les servir avec un vin fruité et acide – comme le Sauvignon blanc de Nouvelle-Zélande. Éviter les Chardonnay vieillis en fûts de chêne ou n'importe quel autre vin fort en tanin. Le Pinot noir s'accorde bien avec les asperges grillées.

Les artichauts sont également délicats à accompagner. La présence de cynarine confère un goût sucré au vin. Il convient de les accompagner d'un vin blanc sec – un Sauvignon, un Vouvray très sec ou un champagne brut. Il est également possible de compenser l'amertume en les accompagnant d'une sauce, puis d'accorder la sauce et le vin.

Quant aux tomates, c'est leur acidité qui joue des tours. Un vin rouge ou blanc très acide permet de circonvenir le problème. Le rosé de Provence fait des merveilles et le vieil adage selon lequel, dans le doute, il vaut mieux allier le vin et la cuisine d'une même région se vérifie.

Enfin, les œufs ont tendance à affadir le vin. Une omelette nature est un véritable défi pour le sommelier. Le mieux est d'enrichir l'omelette de viande, crabe ou fines herbes, et de choisir le vin en conséquence. Si vous devez absolument servir les œufs avec du vin, choisissez un blanc très fruité. Et, surtout, évitez les rouges tanniques.

La carte gustative

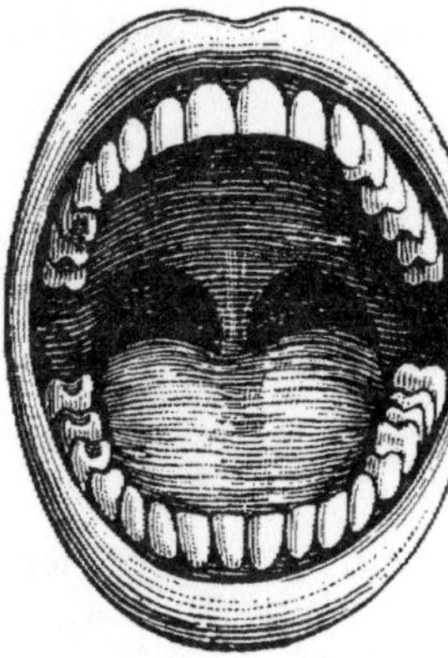

Jusqu'à tout récemment, on croyait le palais humain capable de ne différencier que quatre saveurs basiques : sucré, salé, amer, acide. L'œnologie classique affirme avec beaucoup d'aplomb que ces quatre saveurs correspondent à des zones spécifiques: le bout de la langue pour le sucré, le salé sur les côtés ou le milieu de la langue, l'acidité à l'arrière de la langue, et l'amertume tout au fond et au centre. Mais ce diagramme a beau être vieux de 100 ans, il est erroné.

Primo, il existe une cinquième saveur : l' « unami » ou exhausteur. C'est le goût de la sauce de soja.

Secundo, les études récentes tendent à prouver que, non seulement les variations de goût selon les différentes zones de la langue sont infimes – hormis l'amertume qui est plus aisément détectée à l'arrière de la langue – mais qu'elles n'ont aucune valeur pratique quand il s'agit de déguster, l'important étant le nombre de récepteurs qui varie considérablement d'un individu à l'autre et la répartition de ces récepteurs. Le nombre moyen étant de 7 000.

Tercio, il convient également de prendre en compte la quantité de salive produite - qui varie également considérablement d'une personne à l'autre.

Le Robotongue

Si votre palais n'est pas fiable, vous pouvez recourir au Robotongue. Mis au point par des chercheurs brésiliens et gallois, il permet de détecter les saveurs avec beaucoup plus de précision que ne pourrait le faire un être humain. En outre, il ne se fatigue pas et n'est pas sujet aux refroidissements ou aux rhumes de cerveau. On peut également recourir à l'IRM pour détecter des traces d'acide acétique dans le vin, mais, en revanche, pas la bactérie responsable du pourrissement des bouchons.

Moi, vigneron

Le foulage mécanisé est une autre innovation technologique. Pendant des siècles, les hommes se sont servis de leurs pieds pour fouler les grains de raisin. Dans la région de Porto, le foulage s'effectuait en cercle, les vignerons s'enlaçant la taille pour se donner plus de stabilité lorsqu'ils écrasaient les grappes dans des cuves de granit appelées « lagares ».

D'un point de vue biomécanique, les pieds présentent de nombreux avantages. La pression exercée est légère et accompagnée d'un phénomène de friction qui fait éclater la peau et libère la pulpe et le tanin, sans écraser les pépins, ce qui augmenterait le taux de tanin au final. En exerçant une pression de haut en bas, les pieds font remonter les peaux à la surface du moût et provoquent une micro oxygénation.

Cependant, le procédé est peu hygiénique et la température des pieds (37° environ) tend à réduire la teneur en fruit dans le vin ainsi produit. La solution était évidente : les robots de foulage. Ils ne se fatiguent pas, ne se soûlent pas jusqu'à tomber raides et ne cherchent pas de noises à leurs congénères quand ils ont bu un coup de trop. La famille Symington, propriétaire des portos Dow et Warre, Graham et Quinta do Vesuvio, a créé de telles machines.

Les pieds mécaniques enrobés de silicone exercent une pression de 120 g/cm² semblable à celle des pieds humains. Ils sont programmés pour tourner au ralenti durant la dernière étape de foulage afin de ne pas endommager les peaux. Une pellicule de moût se forme à la surface des patins rectangulaires quand ils remontent à la surface de la cuve.

Moi, sommelier

On raconte que dans les années 1980, un restaurateur d'Edimbourg eut l'idée de remplacer son sommelier par un robot, appelé Donic. Mal conçu, et probablement mal programmé, il répandait du vin sur la moquette et renversait les tables et les chaises. Les constructeurs en rejetèrent la faute sur le DJ du restaurant qui s'était vu confier la tâche de l'assembler.

« Bon vin n'a point besoin d'enseigne »

Cette maxime de Shakespeare (extraite de *Comme il vous plaira*) nous vient de la nuit des temps. L'auteur romain Publilius Syrus écrivait déjà au 1er siècle : « Le bon vin n'a pas besoin d'une tonnelle. » (*Sentences*, N° 968). L'empereur Charlemagne, ayant sans doute lu ses classiques, accorda aux viticulteurs le droit de vendre directement le fruit de leur vigne et de suspendre une branche au-dessus de leur porte en guise d'enseigne. Ce droit fut maintenu par les empereurs suivants, et les vignerons viennois perpétuent encore cette tradition dans leurs « Heurigen », les auberges des environs de la capitale.

La vente du vin franchisée

L'époque du Tupperware est révolue, mais la vente à domicile et en réseau est en progression constante. Dans les années 1980, Nigel Johnson-Hill et son épouse eurent l'idée de vendre des vins français par correspondance. La Vintry – ainsi nommée en hommage au quartier de Londres qui vit naître Chaucer – est devenue une franchise en 1990 quand un deuxième couple décida à son tour de se lancer dans l'aventure. Il existe aujourd'hui treize vintrys au Royaume-Uni, la plupart implantées dans le sud-ouest et tenues par des cultivateurs. Chaque vintry (avec un v minuscule pour la différencier de la maison mère) empoche 10 % des ventes réalisées sous l'enseigne et propose un catalogue de vins français auquel des vins australiens et sud-africains sont venus se rajouter. Le chiffre d'affaires annuel de chaque vintry se situe entre 50 000 et 100 000 £, et la firme ne cesse de s'étendre.

Le Beaujolais nouveau ou la grande course du vin

L'idée la plus géniale en matière de marketing est certainement celle de la course mondiale au Beaujolais nouveau. Sitôt sorti de la vinification, le Beaujolais Primeur, ainsi appelé car produit immédiatement après la récolte, est servi sans délai dans les bars de la région de Lyon. Appellation contrôlée depuis 1938, la réglemen-

tation fut modifiée en 1951 et la date de mise sur le marché, de ce qui s'appelle désormais le Beaujolais nouveau, est fixée à la mi-novembre.

Issu d'un cépage gamay noir à jus blanc récolté à la main et vinifié par macération carbonique à partir de raisins entiers, il possède, dans le meilleur des cas, un caractère frais, fruité et nerveux et pauvre en tanins. Dans le cas contraire, ou si l'année a été mauvaise, il peut avoir un arrière-goût de purée de framboise. Bon ou mauvais, une fois tiré, il ne se bonifiera pas. C'est un vin qui se boit frais, jeune et à grandes lampées plutôt qu'en sirotant.

La date officielle de la sortie du Beaujolais nouveau a été fixée au troisième jeudi de novembre, traditionnellement à minuit une. La première « course » eut lieu dans les années 1950. C'était l'occasion pour les marchands de vin anglais de charger leurs camions sur le ferry qui mettait le cap sur Calais à minuit tapante. Allan Hall, alors éditorialiste au *Sunday Times*, proposait une bouteille de champagne à celui qui lui rapporterait le premier une bouteille de Beaujolais nouveau. La tradition s'est perpétuée et amplifiée, tandis que de nouvelles techniques pour rapporter le vin en Angleterre se sont développées. Avions de chasse militaires, voitures et motos de course. Dans d'autres parties du monde, ce sont les éléphants, les rickshaws et les coureurs à pied qui ont pris le relais.

Mais la course a perdu de son attrait – tout au moins au Royaume-Uni – et la réglementation a été modifiée afin que le vin puisse atteindre sa destination finale à l'heure dite. C'est le Japon qui remporte la palme avec 9,5 de bouteilles consommées en 2004, dont 80 % dans les foyers. Les Américains arrivent en deuxième place, mais le marché du Beaujolais Primeur s'étend jusqu'en Corée, au Vietnam et en Australie. Aux États-Unis, les fans impatients peuvent se procurer de l'« air nouveau » pour 10 $ la bouteille ou attendre un mois pour s'offrir un « boat nouveau » pour 2 $ de moins. Bien entendu, plus le prix est élevé plus la consommation est importante, alors que quand le prix chute, comme ce fut le cas au Royaume-Uni, la consommation s'effondre.

Les ventes atteignent aujourd'hui 70 millions de bouteilles par an – contre un million il y a 45 ans. Georges Dubœuf, l'inventeur du Beaujolais nouveau dans sa version moderne, en vend à lui seul quatre millions. Surnommé la « limonade rouge » par ses détracteurs, il n'en reste pas moins un succès commercial phénoménal, même s'il a fait de l'ombre aux producteurs récoltants plus sérieux de la région.

Malgré cela, tous les producteurs de Beaujolais grands ou petits se sont élevés comme un seul homme lorsque *Lyon Mag* a rapporté les propos de François Mausse, membre belge du Grand jury européen du vin. Ce dernier ayant qualifié le Beaujolais nouveau de « vin de merde », tout au plus « un jus de fruit à peine fermenté ». *Lyon Mag* a dû leur verser 300 000 € de dommages et intérêts.

La véritable course du vin : le Marathon du Médoc

Le plus grand marathon du vin est sans conteste celui du Médoc, disputé chaque année dans le Bordelais. Surnommé le plus « long marathon du monde », il comporte 18 arrêts dégustation. Au cours des derniers kilomètres, on offre aux participants des mets appétissants tels qu'huîtres, steak et fromage à volonté. Parmi les 59 domaines participants, citons le Château Lafite Rothschild, le Château Gruaud-Larose et le Château Puy-Lacoste. Le vainqueur – qui n'aura sans doute pas eu le temps de goûter à tous les délices proposés en cours de route – remporte l'équivalant de son poids en Grand Cru classé. Les coureurs entraînés parviennent à faire toutes les haltes dégustation et à finir la course en moins de trois heures. Le reste des 8 000 participants prend son temps, se régale à loisir en s'efforçant de franchir la ligne d'arrivée dans les six heures et quinze minutes réglementaires. Chaque année, un congrès médical se réunit pour discuter des risques liés à la course à pied. En 2001, le sujet était : « l'intoxication liée à l'absorption d'eau ». Des marathons sont également organisés dans le Lubéron et le Beaujolais.

Le vin version Full Monty

Cinq participants du Marathon du Médoc de 2005 étaient également présents à la première foire au vin britannique Full Monty, organisée au profit de la recherche pour le cancer de la prostate. À cette occasion, les Masters of Wine anglais, Michael Palij et Tim Atkin, se sont entièrement dévêtus, ainsi que cinq de leurs collègues, devant un parterre exclusivement féminin.

LE VIN DE JAMES BOND

Il est bien connu que les médias ont une influence considérable sur les consommateurs de vin. Bien qu'ayant dit de Ian Fleming, le « père » de James Bond, qu'il avait un goût « vulgaire », Tom Stevenson, le grand spécialiste anglais du champagne, a tout de même reconnu que le père de l'agent 007 avait fait découvrir le Blanc de blancs au public anglais. Si, de nos jours, l'appellation Blanc de blancs consacre un champagne fait exclusivement à partir de Chardonnay, à l'époque de Fleming, il pouvait s'agir d'un assemblage de divers cépages, y compris des raretés comme le Petit Meslier et l'Arbanne.

Bien que James Bond soit surtout célèbre pour son martini vodka, « secoué mais pas fouetté », le vin – et plus particulièrement le champagne – fait partie de son quotidien.

Les vins ordinaires jalonnent eux aussi ses aventures. Ainsi, lorsqu'il est envoyé en mission à la station thermale de Shrublands, tout en ruminant sa revanche sur le comte Lippe, le méchant de *Opération Tonnerre*, il rêve à sa ravissante infirmière et « s'imagine en train de dévorer une plâtrée de spaghetti

à la bolognaise relevée d'ail et accompagnée d'un Chianti bien râpeux». Ses vœux s'exhausseront – à Brighton – en compagnie de la belle Patricia.

Dans *Bons Baisers de Russie*, Bond passe à côté d'un indice important quand l'assassin du KGB, Red Grant, commande du Chianti pour accompagner un plat de poisson dans le wagon-restaurant de l'Orient Express. Ce n'est qu'après coup, quand Grant parvient à le neutraliser, qu'il remarque : « Du rouge avec du poisson. Ç'aurait dû me mettre la puce à l'oreille. » C'est le seul roman (et film) de Bond où le champagne n'apparaît pas.

Les vins de James Bond

Bons baisers de Russie	
Bordeaux Calvet	Bu dans le train.
Chianti Broglio	Bu en compagnie de Tatiana dans le train au retour d'Istanbul.
Kavakladere	« Un Bourgogne riche, rustique », provenant de la cave d'un vieux vigneron turc.
Casino Royal	
Taitinger Brut Blanc de blancs 1943	« Le meilleur champagne du monde » Offert par un client anonyme du casino.
Veuve Cliquot	Dégusté en compagnie de Vesper Lynd dans le night-club du Casino après sa déroute au baccarat.
Les Diamants sont éternels	
Veuve Clicquot rosé	« Un petit goût de fraise », bu avec Tiffany Case au *Club 21* à New York
Bollinger (fillette)	Envoyé par Tiffany dans sa cabine du *Queen Elizabeth* avec de la sauce béarnaise pour accompagner les bouchées à la viande.

Moonraker	
Don Pérignon 1946	Suggéré par le sommelier de chez Blades. Bond y ajoute de la benzédrine avant d'entamer une partie de cartes avec Hugo Drax – et une autre bouteille de champagne.
Goldfinger	
Pommery rosé	Bu avec une assiette de crabe, servi dans une chopine en argent chez Bill, à Miami.
Piesporter Goldtröpfchen	Bu en compagnie d'Auric Goldfinger (naturellement).
Mouton Rothschild 1947	Au cours du même dîner, en accompagnement d'un caneton rôti.
Rosé d'Anjou	Bien frais à l'Hôtel de la gare à Orléans.
Mâcon	En pique-nique avec Tilly Masterton, servi sur une saucisse, du pain et du beurre.
Fendant	Au dîner à Genève.
Opération Tonnerre	
Chianti	Ingurgité à Brighton, pour faire descendre le plat de spaghetti à la bolognaise.
Veuve Clicquot rosé	En accompagnement de caviar beluga au casino de Nassau, avec Domino.
Au service de sa Majesté	
Taitinger Blanc de blancs	Descendu « un peu précipitamment » dans son hôtel de Royale-les-Eaux.
Mouton Rothschild 1953	Une demi-bouteille pour accompagner « la meilleure perdrix rôtie de toutes » avant de se rendre au casino.

Champagne Krug	Une demi-bouteille bue au bar du casino, juste avant que la comtesse Teresa di Vicenzo (également connue sous le nom de Tracy) ne se présente à lui.
Riquewihr	Vin blanc d'Alsace que Draco compare à de la pisse d'âne, mais acceptable en accompagnement d'une « bonne saucisse de Strasbourg » dans le château de Draco.

Bond voue une véritable passion au champagne, en particulier rosé. Dans les romans son préféré est le Taittinger, et dans les films le Bollinger « est le champagne officiel ». Bond (joué par Timothy Dalton) déclare que le Bollinger RD est son champagne favori.

Une collection de 19 bouteilles ayant pour thème les films de James Bond s'est vendue 360 000 $ aux enchères de Napa Valley en 1997.

La winery néo-zélandaise de Spy Valley, située non loin d'une base militaire secrète américaine de Marlborough envisage de commercialiser un vin sous étiquette Spy Valley, 007. Les espions américains sont apparemment grands consommateurs des Riesling, Gewurztraminer, Pinot noir, Chardonnay et Sauvignon blanc, produits par le vignoble de Blair Gibbs.

La téléréalité : *Big Brother* et le Black Tower

Grâce à l'émission *Big Brother* (*Loft Story*, version britannique), le Black Tower, vin préféré des Anglais dans les années 1970 – un blanc moelleux originaire de Rheinhessen, en Allemagne, élevé selon la tradition de la Nonne Bleue – a retrouvé ses lettres de noblesse. Kate Lawler, gagnante du jeu en 2002, reçoit désormais à vie une provision de Black Tower gracieusement offerte par Matthew Clark, le producteur reconnaissant. La candidate avait insisté pour inscrire le Black Tower sur la liste de courses hebdomadaires – allant même jusqu'à rogner sur la qualité du champagne pour acheter plus de vin blanc. Résultat, en neuf semaines, le vin a pulvérisé les records avec plus de 40 % de vente.

Si *Big Brother* a fait des émules dans le monde entier, il n'y a en revanche qu'au Royaume-Uni qu'il est possible de louer le célèbre loft pour y donner des soirées arrosées, au choix, de bière, de vin ou de champagne, avec supplément. Une soirée entièrement filmée coûte 30 000 £. Le loft peut accueillir jusqu'à 100 convives pour un buffet et 80 pour un dîner autour d'une table.

LE VIN À LA TÉLÉ

Dans la série de la BBC *The Archers*, on voit Nigel Pargetter s'enthousiasmer pour la fabrication d'un vin pétillant anglais, une ambition contrariée, hélas, par des conditions climatiques peu propices à la culture du raisin à champagne au sud de Birmingham.

Les acteurs de *Coronation Street*, que l'on voit boire du vin ne risquent pas de se prendre une cuite. Le vin est remplacé par de l'eau tantôt additionnée de jus de citron vert, tantôt de sirop de cassis, c'est de l'eau pure qui leur tient lieu de vodka, et le whisky et le cognac sont fabriqués de l'eau colorée au caramel. Une pratique que n'approuverait sûrement pas le célèbre œnologue australien Len Evans.

La théorie de la consommation

La théorie de la consommation, telle qu'énoncée par Len Evans, se présente comme suit. Il boit une bouteille de vin par jour. En admettant qu'il lui reste encore 20 ans à vivre, il consommera 7 300 bouteilles. Il va sans dire que celles-ci ne doivent pas être gaspillées. C'est pourquoi chacune d'elles doit susciter plaisir et intérêt. Selon une autre théorie de la consommation, pour finir sa vie en beauté on doit laisser quelques bonnes bouteilles derrière soi et, si possible, les léguer généreusement aux exécuteurs testamentaires. Selon André Simon, l'un des plus éminents œnologues du XXe siècle et fondateur de la International Wine and Food Society, « un homme qui laisse du vin dans sa cave est mort trop jeune ». Ce fut son cas. Il est mort à 83 ans, en laissant deux magnums de Bordeaux derrière lui.

La théorie de la consommation mise en pratique

Né en Angleterre et émigré en Australie en 1955, Len Evans s'est rendu célèbre en devenant œnologue de la chaîne *Hilton*. Dans les années 1960, il a réussi à convaincre l'Australian Wine Board que les vrais hommes pouvaient et devaient boire du vin à table. Il raconte qu'un jour, alors qu'il se trouvait dans un hôtel de campagne, il avait demandé la carte des vins. Le patron, qui le regarda d'un air suspicieux, répondit : « Seriez pas de la jaquette, des fois ? » Evans, qui est le fondateur de l'industrie viticole australienne, est aussi l'inventeur d'un jeu de société consistant à goûter des vins les yeux bandés (voir page 180). Il est également le fondateur du club Single Bottle.

Contrairement à ce qu'on pourrait croire, ce club incite plus à la consommation qu'à la modération. La « bouteille unique », qui se déguste à plusieurs, est fournie à un grand nombre d'exemplaires. Le seizième dîner, donné à la propriété d'Evans en 1992, proposait douze millésimes Château Latour et six Château d'Yquem dont un de 1912.

Le premier dîner, donné en l'honneur de Michael Broadbent, proposait une bouteille de Rüdesheimer Apostelwein 1727. Broadbent avait lui-même apporté une bouteille de Château Gruaud-Larose 1825, et le Premier ministre australien Malcolm Fraser un Lafite 1874, le dernier grand millésime pré phylloxéra. De grands crus de 1921 – une année exceptionnelle – étaient également à l'honneur, dont un Clos de la Roche, un Yquem et un Brédif Vouvray. Soit plus de deux bouteilles par tête. Le vin le plus ancien dégusté à ce jour par le club est un Tokay de 1646, déjà mentionné précédemment.

Le jeu de Len Evans

Le jeu de Len Evans peut être joué aussi bien par des taste-vin professionnels que par des amateurs enthousiastes. Ce jeu, qui suit des règles très strictes, consiste à répondre, après dégustation, aux questions posées par le maître de cérémonie. Par exemple : s'agit-il d'un vin de l'Ancien ou du Nouveau Monde ? Et ainsi de suite, les questions étant de plus en plus pointues à mesure que le jeu progresse. Le maître de cérémonie a le choix entre éliminer les participants qui échouent, ou les laisser jouer jusqu'au bout en leur attribuant des points. Dans la version la plus stricte, le gagnant est celui qui reste debout le plus longtemps.

Si vous organisez un tel jeu, c'est à vous qu'il reviendra de choisir les questions et d'en avoir quelques-unes en réserve pour départager les ex æquo.

Autre jeu

Un autre jeu de société consiste à faire goûter un vin par tous les convives présents. Puis, un jury est formé qui doit attribuer des notes de dégustation et faire des commentaires. À charge pour les autres de décider lequel des juges a noté le plus justement. L'imagination et l'éloquence des membres du jury sont les seules limites de ce jeu révélateur des aptitudes de chacun à apprécier un vin.

Le portrait chinois du vin

Un autre jeu, plus facétieux, mais tout aussi révélateur, consiste à poser à chacun la question suivante : si vous étiez un vin, lequel seriez-vous ? et pourquoi ?

Le jeu le plus frustrant

Dans le jeu Don't Break the Bottle, une bouteille de vin est emprisonnée à l'intérieur d'un puzzle fait de trois pièces de bois reliées entre elles par une ficelle terminée par une boule. Pour libérer la bouteille de son corset, il faut manipuler les pièces. Des heures de rires – et de frustration !

INDEX